ENSEÑANZA EN LÍNEA MODERNA Y EFECTIVA

Métodos para Dar Clases en Línea Correctamente y Motivar a los Estudiantes

JACOB DAVIDS

Índice

Introducción

Si alguna vez has considerado dar clases en línea o te encuentras dando clases en línea, este es el libro para ti. Las clases en línea son la educación del nuevo milenio.

Las clases en línea son diferentes a las clases tradicionales de muchas maneras. Con la educación en línea, tú, como maestro, le debes proporcionar una educación muy interactiva al estudiante, a comparación de la educación tradicional en un salón de clases. Siempre tienes que recordar que no estás sentado frente al estudiante en la misma habitación, sino que se encuentran frente a frente en una computadora.

En el salón de clase, suele ser necesario un gran nivel de interacción para mantener la atención del estudiante y que las cosas sigan fluyendo. A veces, el maestro puede interactuar con el alumno al tener ciertos accesorios adicionales relacionados con el tema.

Tener accesorios y materiales del tema ayuda a que el estudiante sea capaz de conectar mejor con lo que estás enseñando. Algunos ejemplos de accesorios especiales para una elección pueden ser imágenes, presentaciones o videos en los que haya imágenes y ejemplos fáciles de identificar.

Con las clases en línea, la interacción no se debe realizar con un tono de voz monótono, y esto simplemente hará que el estudiante deje de estar activo e interesado. Una buena clase en línea debe tener las siguientes características:

Estar feliz. Los estudiantes pueden sentir si el maestro no está feliz en la clase o siquiera está feliz de ver a sus alumnos. Un maestro feliz creará una atmósfera feliz y amigable para el aprendizaje.

Tener materiales especiales que permitan que el estudiante interactúe con el tema. Los materiales especiales que permitan al estudiante dibujar en la pantalla de la computadora con una plumilla especial o con el dedo si están usando una tableta electrónica. Si es apropiado para los estudiantes más jóvenes, un maestro puede tener un micrófono para a ayudar a que el niño comprenda que es su turno para hablar. Alegra las interacciones al cantar el material de las lecciones en vez de sólo repetir las frases, eso puede ayudar.

Debes asegurarte de cambiar el tono de tu voz un poco para lograr mantener su atención. Durante la lección, una manera de mantener las cosas interesantes para el estudiante es hablar en diferentes tonos de voz.

Este tipo de cosas pueden ser modificadas basándose en el rango de edad de tus estudiantes. Un estudiante más joven y un estudiante más grande van a apreciar los diferentes tonos de voz del maestro. Un estudiante más joven puede sentirse más cómodo con una voz monótona, pero cada estudiante es diferente.

Realiza preguntas que hagan pensar al estudiante durante La clase permite que los estudiantes hagan comentarios a lo largo del tiempo de enseñanza. Hacer preguntas durante la clase puede ayudarte como maestro para ver si el estudiante comprende lo que se está enseñando.

Las clases en línea se pueden realizar de formas diferentes.

Como maestro, puedes enseñar a la clase usando una plataforma de clases en particular proporcionada por la compañía para la que trabajas. La mayoría de las veces, un maestro puede usar Skype, zoom o cualquier tipo de interfaz en línea que te permite interactuar de forma remota con los estudiantes.

Zoom es una plataforma de nube en línea que te permite ser capaz de tener interacciones en línea con alguien al tener conferencias o reuniones. Si lo necesitas, la versión descargable es gratis en su página web. Si te interesa, puedes descargar el enlace para zoom en la siguiente dirección: "https://www.zoom.us/download". Zoom Es muy fácil de usar, con pasos muy sencillos para seguir una vez que hayas descargado el enlace de forma gratuita.

Existen planes y precios en el sitio web para usar zoom, pero el plan básico funciona bien para las clases en línea.

Skype es otra forma de comunicación en línea que suele ser usada en las clases en línea. Skype te permite tener una experiencia de clase cara a cara, conferencias e incluso llamadas de voz si es necesario. Si te interesa, puedes descargar el enlace para Skype en la siguiente dirección web: https://www.skype.com/en/.

La compañía en línea para la que trabajas pudo haber creado su propia plataforma de clases para usarla para dar clases. Usar la plataforma de clases de la compañía suele requerir un poco de aprendizaje, porque tienen botones especiales y cosas ocultas para mejorar la experiencia educativa.

El negocio para el que trabajas actualmente debería decirte qué tipo de interfaz de interacción en línea usarás para dar clases a tus estudiantes.

Tal vez seas capaz de darle click y escribir en la pantalla de tu computadora con el mouse de la computadora con algunas de estas herramientas. Dibujar en la pantalla de la computadora con el uso de diferentes opciones de color cuando utilizas el mouse también puede ser posible. Tal vez haya botones especiales que hagan sonidos particulares durante la clase. Por lo general, hay objetos en el salón de clase en línea que el estudiante puede darle click y arrastrar por la pantalla.

También puede haber botones interactivos en la plataforma en línea que permiten que el estudiante hable con el maestro.

¿Cómo se ve un salón de clases en línea?

Un salón de clase y suele tener un escritorio para el estudiante, sillas, pizarrones blancos o para gises y muchos otros materiales para los estudiantes. Pero la apariencia de una clase en línea es muy diferente.

Escritorio y silla

En una clase en línea, tendrías tu escritorio personal o enseñar de pie. Algunos maestros prefieren estar parados mientras enseñan porque les permite estar más móviles con sus estudiantes. Estar de pie mientras enseñas te ayuda, como maestro, a ser capaz de hacer más actividades físicas y movimientos con las manos con los estudiantes mientras les enseñas, a esto se le conoce como respuesta física total. Si eliges tener un escritorio para enseñar, entonces deberías buscar una silla que sea muy cómoda y que tenga buen apoyo para la espalda. Si eliges tener un escritorio para enseñar, tal vez debes recordar que pasarás todo tu tiempo de enseñanza sentado en esa silla frente a la pantalla de tu computadora.

Fondo

Se recomienda bastante tener un fondo detrás de tu escritorio para las clases en línea.

Debe haber un fondo creado con papel, un poster o incluso un pizarrón. Si utilizas un pizarrón como fondo, entonces podrás aprovecharlo al máximo durante la clase.

Puedes usar tu pizarrón para escribir durante la clase para poner ejemplos o incluso las recompensas que les darás a tus estudiantes.

Un buen póster para usar de fondo debe ser algo que sea apto para niños que se relacione con lo que estés enseñando o para que los estudiantes sepan que estás estudiando. Si estás enseñando en línea a estudiantes en otra parte del mundo, entonces recomiendo usar como fondo un mapa del mundo o del continente. Puedes usar el mapa del fondo para presentarte, de dónde eres y de dónde son tus estudiantes. No importa qué fondo elijas, sólo asegúrate de que sea apto para niños y que sea muy colorido. Los colores en tu fondo no deben ser muy brillantes o chillones, ya que pueden causar distracciones en la clase.

Computadora

Ten cuidado con qué tipo de computadora utilizas, así como con el tipo de proveedor de internet que estás usando. El tipo de computadora que utilizas importa porque algunas computadoras pueden no tener las capacidades específicas necesarias para cuando decidas para qué compañía trabajar.

La velocidad de la computadora es una preocupación considerable.

Debes estar consciente de tu proveedor de internet y de qué tan rápido es el procesamiento en uso de tu computadora. Suele pasar que las compañías para las que trabajas en línea van a requerir que no uses tu propio Wi-Fi, sino que utilices un cable para conectarla directamente. La conexión directa es para asegurarse de que tengas el modem y la conexión eléctrica en tu salón de clases. Básicamente se trata de conectar tu conexión de internet directamente a la computadora.

Ya que tengas tu computadora y conexión a internet, ya eres capaz de poner tu computadora en el escritorio. La mejor manera de acondicionar tu computadora al escritorio es usando una base adecuada que sea útil para elevar la pantalla y dejar el teclado a una altura e inclinación adecuadas para la salud de tu espalda, manos y muñeca. Asegúrate de que tu computadora está en el escritorio a un cierto nivel que te permite no tener que mirar hacia abajo a tu estudiante.

Cámara

Si estás trabajando en línea como maestro, necesitas una computadora con algún tipo de cámara. Tener una cámara es esencial para tu carrera como maestro en línea. Por lo general, las personas compran computadoras con cámaras incluidas en su construcción. Estas cámaras son útiles porque no tienes que encender o apagar la cámara con un apagador o siquiera revisar si está conectada. Enciende la computadora y la mayoría del tiempo, tu cámara está lista para usarse.

A veces puedes encontrarte con problemas técnicos que no le permiten a tu computadora encender la cámara, pero eso es algo que no podemos prevenir. Otra opción es tener una cámara externa si no está incluida en tu equipo. Una webcam externa puede ayudarte a proporcionar una mejor calidad de imagen y un audio más claro para las conferencias remotas y para compartir información en vivo.

Mouse de computadora

Un mouse de computadora es algo útil para tener mientras se enseña. Las laptops vienen con un mouse pad táctil que es fácil de usar para navegar en la pantalla de la computadora. Pero un mouse externo es mejor para usarlo cuando estás dando clases en línea. Al usar un mouse externo, eres capaz de hacer dibujos y escribir en la pantalla de la computadora más fácilmente. Los mouses externos son baratos y se pueden encontrar en las tiendas computacionales locales o en tiendas que venden materiales para computadoras.

Audífonos

Los audífonos son muy necesarios cuando trabajas como un maestro en línea. Debes asegurarte de usar los audífonos que tengan la capacidad de cancelar los ruidos de fondo.

Los audífonos que tienen el micrófono extendido son los que se suelen usar para dar clases en línea. Hay algunas personas que usan los audífonos pequeños con pequeños micrófonos ubicados en el cable.

Si eliges usar estos audífonos y no el set de audífonos de diadema con micrófono, recuerda que los grandes cancelan el sonido de fondo y son más estables en tu cabeza. Con el set de micrófono de diadema eres capaz de moverte más con el micrófono extendido sin tener que moverte. Los audífonos pequeños pueden darte problemas al caerse de tus orejas si no están colocados apropiadamente en su lugar. Los audífonos con el micrófono en el cable pueden moverse conforme tú te mueves y generar ruido en el micrófono.

Momento adecuado para crear un curso en línea

Esto es para los maestros que no son parte de escuelas con clases programadas, maestros independientes que crean clases en línea como un estilo de vida laboral.

Lo primero es definir qué quieres hacer con tu primer curso en línea. No existe una hora del día, una fecha importante que te diga que es el momento de comenzar a crear un curso. Debes dejar de posponer lo y ponerte a trabajar hasta terminar el curso que te has propuesto.

Primero debes establecer una meta, pero esto no es suficiente, ya que sólo unas cuantas personas logran cumplir sus metas. Esas personas tienen muy buenos hábitos y trabajan duro hasta lograrlo. Por supuesto, el objetivo es que tú seas una de esas personas. Para eso te daré unos cuantos consejos prácticos que te ayudarán a cumplir tu objetivo y logres publicar tu curso en línea.

1. Establecer metas concretas

Para lograr alcanzar una meta tienes que saber específicamente qué es lo que quieres lograr. Si tu objetivo es ganar dinero, tienes que ser específico con la cantidad y mantener un registro de esa meta y de tus avances. No importa en qué nivel estés, si estás comenzando hoy ya eres un profesional, las dificultades siempre van a ser similares. También puedes añadir un intervalo en tu objetivo, es decir ganar 10 mil pesos al mes, por ejemplo. Tu objetivo tiene que ser razonable. Tampoco apuntes demasiado bajo porque te arriesgas a no explotar todo tu potencial y te dejas llevar por las bajas expectativas. Tienes que atreverte a hacer las cosas.

2. Crear un plan de acción

Ya que has establecido la meta tienes que tomar medidas específicas para cumplirla, de lo contrario es muy probable que fracases. Debes crear un camino, una fórmula sencilla.

Es cómo establecer objetivos o actividades que vas a realizar para lograr cumplir tu meta. Por ejemplo, crear mi curso en línea, anunciarlo y publicarlo en mis redes sociales, organizar tres seminarios para promocionarlo.

3. Establecer las prioridades del objetivo

Para lograr cumplir tu meta, te darás cuenta que hay una gran cantidad de pasos intermedios. Tienes que aprender a determinar cuáles son los más importantes para dedicarles más tiempo y esfuerzo. Lamenta que tienes por delante debe ser algo con lo que te puedas comprometer y hacer uso de todas tus habilidades y talentos.

No lo debe ser sentir como una obligación. Tienes que saber esforzarte y disfrutar de los frutos de tu esfuerzo.

Organiza bien el tiempo de cada día para dedicar unas cuantas horas a perseguir tu objetivo y verás lo rápido que lo vas a alcanzar. Así es como poco a poco verás que se van cumpliendo tus metas.

4. Publicar los objetivos de tu curso en línea

Cuando comentas tus objetivos con otras personas, sabes que alguien está esperando que tengas éxito. Ya sea comentarlo con tus familiares y amigos o publicarlo en tus redes sociales, alguien va a preguntar por tus avances y dificultades. Eso te ayudará a mantener el enfoque adecuado y una motivación para completar tu trabajo.

5. Encontrar un compañero de equipo

Este paso va de la mano con el anterior. Puedes encontrar a alguien que te ayude a seguir adelante y que, al mismo tiempo, sea tu compañero de equipo. Busca a alguien que esté tratando de lograr una meta similar a la tuya, y trabajen juntos para cumplirla. Pueden ser dos maestros en una plataforma y así se van a motivar y a sentirse responsables de los logros y fracasos del otro. Para encontrar a esta persona puedes acudir a tu comunidad física, a las redes sociales o a grupos en línea que hablen del tema que te interesa.

6. Crear procesos para ahorrar tiempo

Como he dicho, tienes que aprender a organizar tu tiempo de forma efectiva para lograr cumplir tu meta.

Puedes tener muchas cosas que hacer y sabes que debes tomar muchos pasos antes de llegar a tu meta, pero no te dejes abrumar por todo eso, simplemente tienes que organizar un plan de trabajo. Averigua qué partes de tu negocio en línea puedes automatizar para ahorrar tiempo. Por ejemplo, puedes dedicarte un día a planificar las publicaciones de la semana en las redes sociales, ya que existe la opción de programar publicaciones para diferentes días y horas. Así ya no tendrás que preocuparte todos los días por crear una publicación nueva, solamente tendrás que comprobar que se haya publicado y las interacciones que recibes. Existen programas como Edgar o HootSuite que te ayudan a automatizar tus redes sociales.

7. Saber delegar

Si tienes un equipo de trabajo, puedes delegar las tareas en las que no eres bueno o que no necesitan tu atención directa. Para esto debes conocer bien tus habilidades y tus puntos fuertes en el negocio que quieres tener. Si no tienes un equipo de trabajo todavía, puedes buscar un ayudante que tenga las habilidades que requieres. Puedes buscar personas en grupos de Facebook, asistentes virtuales en Google o publicar una vacante de empleo en el periódico.

Busca recursos en internet.

8. Celebrar las pequeñas victorias

Si tienes un largo camino para cumplir tu meta, no te olvides de celebrar las pequeñas victorias. Si sólo estás esperando a cumplir la meta grande, te sentirás presionado y como que no logras avanzar. Los avances pueden ser lentos, pero eso no significa que no estés avanzando. Establecer puntos importantes en tu camino hacia el éxito y celebra cada vez que llegues a esos pequeños objetivos. Igualmente, esto te ayudará a concentrarte y a mantener la motivación para llegar al final. Algunas metas intermedias pueden ser terminar de escribir el contenido, haber creado un organigrama para todo el curso, completar el primer módulo, etc.

Establece una fecha en la que quieres haber terminado esa pequeña meta y la recompensa que viene con su cumplimiento.

9. No perder la concentración en las dificultades

Es normal tener unos cuantos contratiempos y obstáculos en el camino. Si es la primera vez que recorres este camino, es especialmente importante no rendirse. Cada vez que encuentres un nuevo problema, considera que estás aumentando tu nivel de conocimientos y experiencia y por eso aparecen estos nuevos problemas como evidencia de que has superado un nivel. Si has fracasado con un curso anterior, aprovecha la oportunidad para evaluar lo que hiciste mal y rectificar tu camino. Incluso puede llegar a ser un obstáculo cuando tienes una cantidad enorme de clientes, más de los que esperabas, y tu servidor está colapsando. Claro que es algo positivo, pero es un problema que tienes que solucionar lo más pronto posible.

10. Realizar una evaluación provisional

Tienes que evaluar tu progreso continuamente, quizás cada mes o cada tres meses. Cuando haya pasado este tiempo, tienes que ver el camino que has recorrido y ver si estás dando los pasos correctos y si es necesario corregir algunas cosas. Los cambios son una necesidad, así que tienes que aprender a reconocer cuando hace falta una mejora.

11. Unirse a grupos con ideas similares

Busca grupos en redes sociales o en la web de personas que tienen ideas similares y que quieran alcanzar sus metas. Pueden ser de distintos campos o que realicen trabajos similares al tuyo, de esta manera habrá una competencia saludable y un intercambio de información, experiencias y técnicas que podrían ser realmente útiles y motivadoras. Si tienes problemas en el camino, puedes acudir a este grupo de personas para pedir consejos y retroalimentación, te sorprenderá ver los puntos de vista de los demás que quizás no habías considerado antes y te pueden ayudar mucho en el camino.

Organizar un curso en línea

CAMBIAR a clases en línea es mucho más fácil de lo que crees. La educación en línea ha estado en auge desde hace poco tiempo. Han existido bastantes mejoras en ella y, por lo tanto, ahora es más fácil de usar. Sin embargo, ya que probablemente no lo has hecho antes de ahora, necesitas tomarte tu tiempo para ajustarte. Las clases en línea son flexibles, pero, para un primerizo que apenas está empezando, tal vez te cueste trabajo y tal vez te tome un rato adaptarte.

Cualidades de un maestro en un mundo digital

¿Eres un maestro que tiene las habilidades para la enseñanza digital? Hoy en día surgen muchas ofertas para trabajar en línea, también como maestro. Todo eso ha provocado cambios muy rápidos en el desarrollo de las actividades educativas.

La rápida evolución de la tecnología también implica cierta voluntad para seguir el paso de los tiempos, estarse actualizando constantemente para aprovechar todas estas herramientas que suelen intercambiarse como un medio de entretenimiento. También requiere poseer habilidades únicas como maestro, el cual debe integrar las tecnologías en su método de enseñanza con propósitos específicos que son útiles para mejorar el proceso de aprendizaje y enseñanza.

Existen seis habilidades básicas que no son nuevas, pero hay que mantenerlas y mejorarlas.

Compromiso

El compromiso es realmente importante en entre los maestros para que logren educar de la mejor manera a sus estudiantes. Los maestros suelen olvidar que tienen una gran responsabilidad con las generaciones de estudiantes que llegan a conocer en su camino, por lo que el compromiso con el diseño de las actividades de enseñanza debe ser preciso y útil.

Preparación

· · ·

Hoy en día, un requisito fundamental para la enseñanza es haber recorrido un largo camino de aprendizaje. La preparación de un maestro es esencial para garantizar que los estudiantes tengan un mejor nivel de educación, ya que eso les permite ser más efectivos.

Organización

Una buena organización y planeación por adelantado de las actividades educativas es un elemento muy importante para el éxito académico. Simplemente no puedes pensar en improvisar una clase. Un maestro necesita organizar todo antes de entrar a la clase para que tenga muy claro cuál es su intención y utilizar todo el tiempo a su disposición de forma provechosa. Los estudiantes inmediatamente se dan cuenta de una clase improvisada, lo cual suele provocar descontento, confusión, decepción y una sensación de que el tema ha sido incompleto o erróneo.

Tolerancia

En una sociedad cada vez más diversa multicultural, los maestros necesitan manejar sus prejuicios para tratar a todos los estudiantes de la misma manera. Esto es un elemento fundamental en el camino de un maestro, quien debe estar abierto a nuevas ideas y no debe imponer su propio pensamiento.

Habilidades para contar historias

En ciertas escuelas, una de las mejores maneras de enseñar es transfiriendo ideas por medio de historias. Las técnicas para contar historias siempre han sido muy útiles, pero la habilidad del maestro para utilizarla no ha sido desarrollada. Sería bueno diseñar algunas actividades porque contribuyen al aumento progresivo de la participación activa y de la colaboración entre los estudiantes.

Estar abierto a preguntas

Hacer preguntas es una gran herramienta para mantener la clase despierta y comprender las diferentes perspectivas de los estudiantes. Los maestros deben estar abiertos a las respuestas y a las preguntas hechas por los estudiantes. Los maestros de la actualidad deben saber escuchar a sus estudiantes, no limitarlos a respuestas superficiales y confusas. De hecho, es más honesto admitir que no sabes la respuesta y proponer comentársela después de haber investigado al respecto.

Innovación

El maestro digital debe tener la voluntad de innovar e intentar nuevas estrategias de enseñanza.

Debe integrar herramientas tecnológicas en la enseñanza de manera que encajen bien en el camino planeado.

Entusiasmo

El maestro digital debe ser innovador y entusiasta para utilizar él o ella misma y las herramientas modernas, enriqueciendo la enseñanza y mejorando el proceso de aprendizaje. El maestro debe determinar cuáles son las herramientas útiles que se pueden adaptar a los contextos en los que él o ella trabaja.

Sociabilidad

El maestro digital puede llevar su apertura a las preguntas a un nuevo nivel y volverse social. Hacer preguntas en las comunidades virtuales puede ayudar a comprender diferentes puntos de vista, analizar y, a veces, acabar con el obstáculo de la timidez de los estudiantes. Se recomienda utilizar las redes sociales diseñadas para el aprendizaje, como Google Classroom, el cual hablaremos en este libro.

Curiosidad

. . .

Los maestros siempre deben ser curiosos para descubrir cosas nuevas y aprender de los estudiantes, quienes suelen estar mucho más adelantados en la tecnología. Involucrar a los estudiantes es la mejor manera de hacer que se sientan una parte integral del sistema, alentándolos siempre a buscar mejores soluciones y alternativas para sus maestros.

Muchos maestros que han experimentado con las nuevas tecnologías dicen que generan una gran motivación en los estudiantes. El uso de las nuevas tecnologías puede causar lo siguiente:

- Aumenta la motivación debido a la intensidad y duración del contacto del estudiante con un dispositivo electrónico
- Facilita el aprendizaje activo y experimental para contextos y oportunidades específicas para reestructurar el conocimiento que se presenta
- Implementa una perspectiva centrada en el estudiante, gracias a la interacción y a la posibilidad de elección
- Promueve la individualización, en particular respecto al estilo y ritmo de aprendizaje personal, por medio de la variedad y flexibilidad que se ofrece
- Lograr un aprendizaje más eficiente y productivo

Ahora veremos los pasos que te ayudarán a cambiar fácilmente y de forma efectiva a las clases en línea.

· · ·

Si sigues los siguientes pasos, entonces lograrás tener un gran efecto en tus clases.

Más de un curso

Si eres un maestro independiente que realiza clases en línea, es posible que tengas que preparar más de un curso en línea como material disponible para que tus estudiantes elijan comprarlo y tomar la clase.

Puede parecer difícil crear tantos cursos, que puede llevar mucho tiempo y que es complicado seguirse formando como maestro al mismo tiempo. En realidad, no es tan complicado. No necesitas ser el escritor más rápido ni grabar en día es horas de vídeo al día para que luego algún editor pagado modifique el material. No lo necesitas. En realidad, sólo tienes que aprender a organizarte.

Si continúas educándote como maestro, debes organizar tus reuniones en horarios que sean aptos para tu plan del día. Imagina que tomar un curso en línea es como realizar una reunión o una videoconferencia con un cliente. Así es como lograrás gestionar bien tus compromisos. Por supuesto, también debes organizar muy bien todo lo que tienes planeado crear por ti mismo.

· · ·

Algo que debes considerar que es que, en la actualidad, no necesitas crear cursos en línea muy largos, porque los estudiantes quieren aprender rápido y fácil temas específicos.

Cuando los cursos son muy largos, pocos estudiantes y los terminan. Si quieren una educación más amplia, suelen inscribirse a escuelas que den clases en línea para obtener un título o algo por el estilo. Los maestros independientes suelen crear clases sobre temas específicos, quizás para complementar los que dan en las escuelas, o simplemente temas interesantes. Es mejor crear un curso breve y conciso que quizás pueda tener más de una parte si el estudiante se quiere volver experto en el tema.

Problemas de los cursos en línea

Como profesor independiente, recibes ganancias de las ventas de tus cursos y eso es parte de tu salario, por así decirlo. Quizás es el 50% de tu trabajo total, pero no necesariamente tiene que tomar la mitad de tu tiempo diariamente, igualmente, no tiene que tomarle al estudiante la mitad de su día para tomar esa clase.

En el mundo actual, el tiempo es un recurso escaso y muy valioso.

. . .

Todas las personas tenemos las mismas horas en un día y tenemos que usarlas de forma efectiva. Todos tenemos muchas cosas que hacer, pero eso no significa que no podamos trabajar y educarnos en el mismo día.

Hay muchos trabajadores y empresarios que piensan que solamente deben dedicarse a trabajar, sin pensar en nada más. Pero no es así. Las personas exitosas comprenden el objetivo de su trabajo, su marketing y los resultados que se quieren lograr. Es horrible tener que trabajar para tener dinero para vivir o para conseguir el dinero para perseguir un sueño, pero, por dedicarse sólo al trabajo, no tienen tiempo para estudiar y preparar ese proyecto. Hoy en día la necesidad de no quedarse atrás sigue aumentando.

Cada curso en línea puede tener dos formas. Una forma es crear cursos en línea muy rápidos que consumen dos o tres horas de tu vida. Otra forma es crear cursos en línea muy estructurados con más de 30 horas de video o trabajo de clase, pero son muy flexibles y puedes ingresar a consultar lo que quieras, cuando quieras.

La primera forma se trata de cursos con contenido muy específico cuyo objetivo es hablar de un tema único e importante, se incluye una solución rápida y no se tiene que explicar detalladamente cada cosa.

· · ·

Estos cursos son los más fáciles de vender porque, debido a que es un tema específico, se pueden ubicar fácilmente los objetivos, los resultados y, por lo tanto, el público meta.

La segunda forma es de cursos más estructurados y tienen más contenido, son más complejos de crear e implementar.

Pueden ser un poco más difíciles de vender, pero tienen una mayor permanencia. Es un caso muy diferente al primer tipo, ya que el objetivo, los resultados del público son distintos. Se deben incluir estrategias con enfoque multidisciplinario y que perduren. El tema es mucho más amplio e impresionante. El público que acude a estos cursos tiene intenciones serias y menos urgentes, son personas que quieren formarse y crear una base sólida sobre un tema que le servirá en los próximos años de su vida, quizás con objetivos profesionales.

Cómo crear un curso

Paso 1: planea tus clases

La enseñanza en línea se realiza con estudiantes físicamente ausentes. En la mayoría de los casos, no estarán disponibles en línea al mismo tiempo que comienza la clase.

. . .

También necesitas comprender que tus estudiantes pueden estar en zonas horarias distintas y que no concuerdan con la tuya. Por lo tanto, necesitas planear cuidadosamente para cubrir esos problemas. Los estudiantes en línea tienen necesidades diferentes en comparación con los estudiantes en físico. Necesitas planear tu clase con base en tus necesidades.

Crea tu programa de estudios y ten preparados todos los materiales necesarios. Los estudiantes fácilmente sabrán si sus clases encajan con sus actividades diarias o no. Hazles saber sobre cualquier examen próximo. Recuerda, puede ser que estén tomando tu clase a mitad de la noche. Imagina cómo se veía un examen sorpresa en esa situación. Por lo tanto, debes tener todas las actividades planeadas y explicadas a tus alumnos.

Paso 2: comprende tu tecnología

Aunque no se espera que seas un genio de la tecnología al comenzar a dar clases en línea, aun así, necesitas tener un buen conocimiento de la tecnología que estás usando para tus clases. Esto implica tu inversión en el software y hardware que sea adecuado para lo que tienes planeado para tus clases. Deberías obtener una computadora confiable. Tu conexión a internet debe ser fuerte y debes identificar una buena plataforma para organizar tus clases. Una de esas plataformas es Moodle.

Asegúrate de realizar una investigación sobre cada herramienta que usarás, para que así puedas sacarle provecho.

Paso 3: crea un ambiente de trabajo adecuado

Ya que estás trabajando de forma remota, necesitas asegurarte de que tu entorno es favorable para la enseñanza. El trabajo remoto suele volverse difícil sin una buena atmósfera y autodisciplina. Solamente necesitas establecer bien tus planes. Crea un espacio que funcione de forma efectiva para que puedas dar tus clases.

Paso 4: involucrarse en charlas innovadoras

La interacción en una clase en línea suele ser poca. Es tu deber asegurarte de crear un entorno interesante e innovador. Esto hará que tus estudiantes quieran quedarse.

También es una forma de deshacerse del aspecto frío e impersonal de las clases en línea. Dales la oportunidad a tus estudiantes para participar.

Paso 5: siempre debes crear comunicación

. . .

La vida de las clases en línea es la comunicación. Siempre necesitas estar en línea. Preséntate y también da oportunidad para que tus estudiantes se presenten ellos mismos. Necesitas traer la humanidad a tus clases. Dales la oportunidad a tus estudiantes de contactarte a cualquier hora si lo necesitan. También debes estar disponible y ser capaz de proporcionar respuestas a sus preguntas tan pronto como te sea posible o cuando les sea necesario. Esto aumentará su confianza en ti.

Paso 6: crea motivación para los estudiantes

El aprendizaje se realiza de formas diferentes según la persona. La motivación es la clave para asegurarte de que todos aprendan a pesar de las diferencias en los métodos de aprendizaje. No todos los estudiantes se pueden motivar ellos mismos. Siempre necesitas motivar a tus estudiantes para que puedan aprovechar tus clases. Tu motivación puede tomar la forma de puntos extras por contribuir durante la discusión en línea y por desempeñarse de forma excelente en sus tareas.

Paso 7: busca ayuda y retroalimentación

Siempre pide retroalimentación por parte de tus estudiantes. Ellos te proporcionarán la valiosa retroalimentación que necesitas para mejorar tus clases en línea.

Los estudiantes disfrutan más la presencia en línea que tú. Ellos están expuestos a herramientas en línea que te ayudarán a proporcionar una mejor educación. Pide su retroalimentación y recibirás las mejores respuestas que serán una ayuda para ti, de su parte.

La enseñanza en línea es una oportunidad que necesitas aceptar como maestro en los periodos de aislamiento y cuando las escuelas están cerradas. No te puedes permitir tener a tus estudiantes en casa sin clases todo el tiempo que estén encerrados en su casa. La enseñanza en línea es flexible y previene que tus estudiantes se aburran una vez que te dirijas a ellos de la forma correcta y logres que se involucren. El proceso de transición es más fácil de lo que cree.

Prepararte para tus clases

La educación en línea no es tanto una novedad para los estudiantes como lo es para los maestros. Muchos estudiantes están acostumbrados a las clases en línea. Existían muchos cursos en línea antes de que la cuarentena ocurriera. Por lo tanto, tal vez no es necesario que hagas algo para preparar a los estudiantes para la enseñanza en línea. Una encuesta ha revelado que cerca de la tercera parte de los estudiantes de universidad están inscritos en al menos un curso en línea.

· · ·

Con este reporte, es seguro decir que tal vez no tengas problemas para que tus estudiantes aprendan. Otra razón por la cual tal vez no es necesario que hagas algo significativo para tus estudiantes es que la mayoría de ellos conversan por internet. Comprenden cómo funciona. Así pues, cualquier plataforma que les pidas usar no será muy difícil para ellos. Mucho del trabajo para preparar las clases depende de ti. Necesitas hacer lo siguiente:

- Crear una guía del curso: necesitas crear una guía del curso para que los estudiantes la vean. La guía debe contener los temas que serán tratados con los estudiantes; es decir, los horarios de clases. Lo que espera de tus estudiantes y del periodo de tiempo que dura la clase.
- Material disponible: necesitas asegurarte de que tus estudiantes tienen acceso a los materiales que necesitan para la clase. Esto les permitirá ajustarse de forma efectiva para tus clases en línea. No pueden pedirte que obtengas el material para ellos durante cada clase. Por eso necesitas hacer esta previsión por ellos para que tengan acceso a esos materiales.
- Utilizaron una plataforma fácil de usar: la plataforma que quieres usar para tus clases debería ser fácil de usar. Asegúrate de que tus estudiantes no tengan complicaciones con ella para conectarse en línea y para conectarse contigo cuando estés enseñando. Esto te ayudará a que estén disponibles para cada clase.
- Crear accesibilidad móvil: una manera de

asegurarte de que tus estudiantes estén bien posicionados para tus clases en línea, es que el aprendizaje sea accesible para ellos en sus teléfonos móviles. Asegúrate de que la plataforma que utilices acepta dispositivos móviles. Esto facilitará a tus estudiantes conectarse contigo a cualquier hora, en cualquier lugar.

Crear tus clases en línea requiere que hagas que tus estudiantes sean conscientes de cómo va a funcionar el curso. Ya que estás a punto de llevarlos a las clases en línea, necesitan estar familiarizados con el proceso que quieres utilizar para enseñarles. Deja que tengan acceso al plan de estudios de cada clase. De esta manera, se podrán adaptar fácilmente a tus clases en línea.

Ya que hayas preparado la primera versión de tu curso en línea, considera que es una versión beta y ahora tienes que probarla. Estas versiones suelen tener una duración menor al curso final y tienen un plan de estudios un poco más abierto y flexible. Puedes ofrecerlo por un precio menor que el del curso final (que te ayudará a determinar el precio final según el éxito de la versión beta) y encontrar a unos cuantos participantes que probaran tu producto.

Las personas que participen en la versión beta te ofrecerán una retroalimentación muy valiosa.

. . .

Seguramente habrá sugerencias, preguntas y dudas que no habías considerado antes. Todo esto o debes tomarlo en cuenta para tu versión final. A estas personas que te habrán ayudado mucho para crear tu versión final del curso les puedes ofrecer el curso completo con un descuento o de forma gratuita, según el precio final.

En este paso es donde averiguas si tus cursos pueden volverse un verdadero producto redituable.

Preparar tu curso de enseñanza remota

Una posible pregunta que tendrás en tu mente en este momento, si eres un maestro que pasa de la clase tradicional a la digital, es si tendrás que cambiar tu curso actual para el aprendizaje remoto. No tienes que cambiar tu curso actual.

Por lo general, el curso para las clases en línea siempre es similar al de las escuelas tradicionales. No obstante, existe una pequeña diferencia entre ellos. El programa para las clases en línea suele ser vasto, dándoles a los estudiantes acceso a muchas opciones para elegir. También, el programa de las clases se realiza para que sea flexible y que varíe. Esto es lo que le permite a los estudiantes aprender a su propio ritmo.

· · ·

También, muchas escuelas tradicionales suelen estar limitadas por los presupuestos. Por lo tanto, se les vuelve difícil proporcionar los materiales necesarios y los maestros que enseñarán algunos temas de su programa. Esto suele afectar la calidad de los materiales de enseñanza que se ponen a disposición para los estudiantes. Pero, como lo harás de forma remota, existen muchas herramientas que te ayudarán a lograr muchas cosas con tu programa de clases. Puedes obtener el resultado que deseas fácilmente.

En vez de cambiar tu curso, sólo necesitas trabajar en él al añadir algunas actividades divertidas. Las herramientas que aprenderás te ayudarán a añadir actividades interactivas a tu programa de clases, lo cual te ayudará a estimular la mente de tus estudiantes y hacer que aprendan de forma efectiva. Al enseñar a tus estudiantes de forma remota, tu material debe salir del internet, y existen muchos que son gratuitos. Esto significa que tus estudiantes tendrán acceso a más materiales de estudio.

Tendrás que presentar tu programa de estudios en formatos diferentes para que tus estudiantes lo aprovechen. Los formatos incluyen crear tu programa en un video de educación directa y usar herramientas de aprendizaje interactivo como audiolibros, etc. También puedes crear un respaldo de tus clases para que tus estudiantes fácilmente puedan regresar y escucharlas.

. . .

No tienes que cambiar tu programa actual. Sólo necesitas trabajar más en él para que sea más útil para tus estudiantes. Las clases en línea te darán suficiente flexibilidad para establecer tu programa de estudios. Utiliza toda esta flexibilidad a tu favor y obtendrás buenos resultados. Mantente activo y saldrás ganando mucho.

2

Beneficios de usar clases en línea y la comunicación con el estudiante

LAS CLASES en línea ofrecen muchas posibilidades a los estudiantes y a los instructores.

Accesibilidad

Se puede tener una clase en línea usando Google Classroom en cualquier computadora o teléfono celular, sin importar el lugar donde estés. Todos los documentos que se utilicen en la clase se almacenan en la nube. Los estudiantes ya no pueden decir que no pueden acceder a clase porque su computadora no funciona, ya que también pueden acceder desde su teléfono celular.

Exposición

· · ·

La clase ofrece acceso a un programa de aprendizaje basado en la web. Muchos proyectos en la escuela y en la universidad esperan que los estudiantes se interesen en una clase en línea. Las presentaciones de las clases en línea pueden ayudar a los estudiantes a aprender las estructuras utilizadas en la educación más avanzada.

Sin papeles

Los maestros y los estudiantes no necesitarán acomodar una cantidad extrema de papeles, ya que las plataformas de clases en línea fomentan que no se utilice papel. Cuando los maestros y los alumnos comparten documentos se hace por medio de la nube. Los estudiantes pueden terminar las tareas y las evaluaciones directamente utilizando la plataforma, incluso utilizando únicamente esa aplicación.

Ahorras tiempo

La plataforma para clases en línea son una verdadera maravilla. Todas las cosas se manejan en una sola área, lo cual les da la opción a los maestros de tener más tiempo para terminar sus diferentes actividades. Igualmente es muy conveniente que la aplicación esté disponible para dispositivos móviles.

. . .

Trabajo en conjunto

El salón de clase en línea les da a los estudiantes muchas oportunidades para cooperar. Los maestros fomentan las conversaciones en línea dentro de la plataforma entre los estudiantes y pueden crear muchos proyectos. La aplicación de Google Docs, dentro de Google Classroom, permite que los estudiantes trabajen al mismo tiempo en un solo documento.

Compromiso

La clase ofrece muchas opciones para hacer que el aprendizaje sea cooperativo e intuitivo. Permite que los maestros asignen tareas, fusionen documentos y que adjunten ejercicios, todo para crear un conjunto de tareas y documentos que se vuelven un esfuerzo coordinado.

Retroalimentación

Una parte muy importante del aprendizaje es dar críticas importantes a los estudiantes. Dentro del sistema de Google Classroom, los maestros pueden dar retroalimentación en las tareas de cada estudiante. También existe la posibilidad de crear un archivo de comentarios para utilizarlo como una técnica de revisión.

Análisis de información

Para hacer que el aprendizaje sea significativo, los maestros deberían llevar a cabo evaluaciones de la información para garantizar que los estudiantes comprendan los objetivos de aprendizaje. La información de las evaluaciones puede ayudar a mejorar el desarrollo futuro de la clase.

Comunicarse de forma respetuosa

La comunicación es muy importante para el aprendizaje en línea. Hablar de una manera efectiva es uno de los problemas que enfrentan los tutores en línea. Por lo general, creamos un curso que es cautivador y atractivo, pero enseñar la clase es un gran problema.

Voy a explicar varias estrategias que puedes utilizar para comunicarte con tus estudiantes. Utiliza estos trucos para ayudarte a ganar el corazón de tus estudiantes rápidamente. Si ya eres un tutor en línea, también puedes usar estos trucos en tu enseñanza remota. Vamos a revisarlos.

Toma nota de esto cuando te estés comunicando con tus estudiantes. El respeto es el pilar de la comunicación efectiva, en especial cuando tiene que ver con estudiantes.

. . .

Mientras estás sentado frente a la computadora, es fácil olvidar que están los estudiantes del otro lado. A veces, los estudiantes te pueden hacer preguntas provocativas. Tal vez te orillen a responderle a un estudiante de forma provocativa. Pero esto está mal. Siempre debes hacer una pausa y meditar antes de desquitarte con un estudiante. Evita ataques personales o acusaciones innecesarias. Si no estás de acuerdo con tu estudiante en un asunto en particular, busca una manera de tratar lo que está diciendo, en vez de atacar al estudiante.

Mientras estés enseñando, lo que suele ser durante videos en vivo, te encontrarás con situaciones en las que los estudiantes no ponen atención. A veces, te encontrarás con una situación en la que el estudiante te hará una pregunta sobre algo que ya has dicho una y otra vez. Depende de ti tranquilizarte y lidiar con la situación. Como ya he dicho antes, piensa como si estuvieras enseñando a tus estudiantes no en línea. Eso te ayudará a tratar algunos problemas. Aquí hablaremos de un resumen de las maneras en las que puedes demostrar una comunicación respetuosa.

Utiliza un tono que sea cortés y honesto

Esto significa elegir las palabras que sean apropiadas para la situación. Evita usar palabras provocativas. Palabras que puedan hacer enojar a los estudiantes o causar una respuesta emocional.

Concéntrate en lo que estás enseñando

Evita cosas que puedan distraerte mientras estás enseñando a tus estudiantes con videos en vivo. A veces, puedes ver a los maestros saliendo del encuadre para atender algunas necesidades y luego regresar. La mayoría de estas acciones pueden hacer enojar a los estudiantes. Así que, una vez que entras al encuadre de la cámara, concéntrate en lo que quieres enseñar.

Discúlpate por tus errores

Aprende a disculparte cuando cometes un error. Puede surgir alguna emergencia y tendrás que terminar la clase de forma repentina. Discúlpate por detener la clase y dales a los estudiantes alguna razón honesta del porqué necesitas terminar la clase. Es bastante irrespetuoso terminar una clase en vivo sin dar explicaciones.

Utiliza palabras claras y concisas

Cuando te comunicas con tus estudiantes, debe ser lo más calado posible. Eso ayudará a tus estudiantes a entenderte muy bien. Antes de decir algo, piensa en lo que vas a decir.

· · ·

Piensa en cómo van a responder tus estudiantes a tal pregunta.

No confundas a tus estudiantes con oraciones poco claras. Si el tema es difícil, busca una manera de dividirlo en dos partes. De esta manera, tus estudiantes no tendrán problemas para comprenderlo. Recuerda que ellos van a continuar inscribiéndose al curso en el que son capaces de entender. Si tus estudiantes no comprenden lo que estás enseñando, la mayoría de ellos van a dejarlo. Sé breve cuando estés enseñando. Evita palabras innecesarias que sean irrelevantes. A veces, veo clases que están llenas de historias que no se relacionan con la clase. Intenta hacer tus sesiones de clase breves y directas.

Que tu comunicación sea personal

Con esto me refiero a que hagas que la comunicación se sienta real con los estudiantes. Haz que tus estudiantes sientan tu presencia. Comunícate con ellos de una manera en la que sepan que tú sientes que ellos son personas reales y que respetas y valoras la comunicación con ellos. Una de las maneras más significativas en las que puedes hacer es todo es al tener una discusión o charla respecto al tema de vez en cuando. En la discusión de clase, cada estudiante tiene que tener la oportunidad interactuar con los demás. Eso les brindará confianza a los estudiantes.

. . .

Comienza y termina con puntos clave

Es otra manera de asegurarte que tus estudiantes comprenden el tema. Reitera los puntos críticos al inicio y al final de la clase. Otra manera de hacerlo es al añadir un comentario al final de la clase. La nota servirá como recordatorio para los estudiantes.

Conecta con tus estudiantes

Después de hablar de las varias maneras en las que puedes comunicarte con tus estudiantes, también es necesario que aprendas a conectar muy bien con tus estudiantes. El primer paso es imaginarte a ti mismo como un estudiante. Debes preguntarte "¿Por qué me gusta este maestro?". Para conectar con tus estudiantes bien, ellos necesitan amar y considerar interesante tu clase. Será un reto comunicarte con alguien que no aprecia tus clases. Existen maneras efectivas en las que puedes conectar con los estudiantes de forma adecuada. La mejor manera de comunicarte con los estudiantes es realizar lo siguiente.

Aprecia a tus estudiantes

Tal vez no te agrade porque consideras que es degradarte a ti mismo. Esto está mal. Este consejo funciona como magia.

Siempre debes apreciar a tus estudiantes. Menciona lo feliz que estás de vernos en línea. Intenta reconocer su presencia.

Ya sea que grabes con antelación o sea un video en vivo, siempre aprecia a tus estudiantes. Si conoces los nombres de cada uno, puedes mencionarlos uno por uno. Cuando aprecias a tus estudiantes, ellos te querrán más. Se sentirán cómodos compartiendo sus problemas contigo.

Motiva a tus estudiantes

Este es otro factor que la mayoría de los maestros pasa por alto cuando enseña en línea. Pero es un factor esencial que necesitas poner en práctica. Le estás enseñando a un estudiante a distancia que no conoce las experiencias de la vida que está enfrentando. La mayoría de los estudiantes estudian con ganas cuando alguien los inspira. Sé un motivador para tus estudiantes. Cuando estés dando clase, usa este camino para motivar a tus estudiantes.

Escucha

Escucha los problemas, ideas y contribuciones de tus estudiantes. Lo que estás haciendo es enseñar a un grupo de personas en línea. No estás enseñando a fantasmas. Así pues, permite que hagan preguntas, y tú debes contestarlas.

Darles a tus estudiantes una persona que escucha les ayudará a comprender tu clase rápidamente.

Crea una comunidad en línea

Es otra forma de conectar con tus estudiantes. La mayoría de los tutores agregan foros en su sitio web para que los estudiantes se comuniquen y puedan bromear un poco.

Crear una comunidad tranquilizará cualquier presión innecesaria que estén enfrentando los estudiantes en una clase en particular. Tu comunidad en línea también permite que los estudiantes compartan ideas y soluciones a preguntas.

Proporciona tareas que permitan a los estudiantes compartir sus experiencias

Darles tareas a los estudiantes que les permitan compartir sus experiencias contigo también te ayuda a conectar con ellos. Las tareas pueden ser un ensayo escrito, proyectos de historia o cualquier cosa, depende de la clase.

Enfrentarse al fracaso de un estudiante

. . .

Este es uno de los retos más difíciles que tendrás que enfrentar como un maestro en línea. Imagina dar clases por horas y, al final, un estudiante reprueba horriblemente. Tal vez eso te hace enojar. Tal vez te sientas desanimado. La mayoría de las veces te haces a ti mismo preguntas críticas como "¿Soy lo suficientemente bueno para enseñarle a estos estudiantes? ¿Tengo el conocimiento adecuado sobre el tema? ¿Por qué los estudiantes están reprobando mi clase?", etc. Descubrirás que es difícil contestar a la mayoría de estas preguntas. La verdad es que enfrentarse al fracaso de un estudiante no es fácil. La mayoría de las veces, te ves a ti mismo culpando a los estudiantes. Pero existen algunas maneras en las que puedes lidiar con el fracaso de un estudiante.

Examínate a ti mismo

Más del 30% del fracaso de los estudiantes se atribuye al maestro. La mayoría de los estudiantes reprueba porque el maestro no enseñó muy bien o ellos no tenían la idea adecuada de la clase. Por eso deberías examinarte a ti mismo para saber la razón del fracaso. Compara tu método de enseñanza con otros métodos de enseñanza en línea.

Revisa tu programa de estudios

. . .

Es bastante común que la forma en la que preparamos el lineamiento de las clases pueda ser la causa del fracaso del estudiante. Tu programa de clases puede no estar bien desarrollado para que el estudiante aumente sus conocimientos sobre el tema. Así pues, verás un fracaso masivo en tu clase. Si quieres ser un buen maestro, necesitas revisar tu programa de estudios. Puedes eliminar o modificar algunos temas confusos en tu programa.

Leer y volver a leer

Puede sonar complicado. Pero si quieres ser un buen maestro, necesitas leer todo el tiempo. Cuando lees encuentras nuevas ideas que te pueden ayudar a comprender y a explicar la información para tus estudiantes. Investiga los temas y descubre nuevas cosas. Esto no solo te ayudará, sino que también será beneficioso para tus estudiantes.

Durante el tiempo que estés leyendo, tal vez encuentres nuevas técnicas que puedas implementar para ayudar a tus estudiantes a comprender la clase de mejor manera. Los grandes maestros leen todo el tiempo.

Anima a los estudiantes

. . .

Un estudiante que reprueba puede estar traumatizado emocionalmente. Lo mejor es animar a tus estudiantes.

Encuentra una manera de motivar su arduo trabajo. Es una de las maneras que se pueden utilizar para obtener lo mejor por parte de los estudiantes. Yo suelo animar a mis estudiantes a trabajar duro al final de cada clase. Esas palabras motivadoras les inspiran a trabajar con más ganas.

Discusión en clase

Crea una oportunidad para discutir en clases sobre el tema.

Es una de las mejores maneras para hablar con cada uno de los estudiantes. Durante el debate usual, puedes hablar con el estudiante que reprueba sobre la clase en particular con la que está teniendo problemas y algunas maneras de mejorar.

Ayuda al estudiante

Es posible ayudar al estudiante con discreción y estilo.

Puedes corregir a cada estudiante cuando entre en una tarea.

Después de ayudar al estudiante, añade una breve nota que diga la razón por la que has decidido pasar a ese estudiante. Aprovecha ese momento para inspirar al estudiante.

Encuentra el problema subyacente

Yo creo que aquí es donde está el problema. Les estás dando clase a estudiantes que están a varios cientos o miles de kilómetros. La mayoría de ellos pueden estar enfrentándose a sus propios retos de finanzas, familiares, matrimonio, etc.

Tienes que encontrar el verdadero problema que está enfrentando tu estudiante y buscar una manera de resolverlo. A veces, tal vez necesites hablar en privado con tu estudiante antes de encontrar el origen del problema.

Cuando lo descubras, busca una manera de ayudar al estudiante a superarlo.

Dedica tiempo a los estudiantes que reprueban

No importa que tan ocupada esté tu agenda, siempre debes hacer tiempo para hablar con los estudiantes que están fallando.

· · ·

Puedes establecer tres horas a la semana para hablar con los estudiantes que tengan problemas con tu materia. Durante ese tiempo, permite que los estudiantes digan sus razones del porqué están reprobando tu clase.

Dedicarles tiempo a los estudiantes que tienen problemas es esencial porque es el camino en el que encuentras la razón exacta por la que están reprobando. A partir de esas causas, puedes encontrar una manera de ayudarles.

Tareas

Es otra forma perfecta de ayudar a los estudiantes con problemas. Cuando descubres que un estudiante está reprobando, dale la oportunidad de hacer tareas sobre el tema con el que tiene problemas. Hacer muchas tareas le ayudará al estudiante a mejorar.

Existen otras maneras con las que puedes lidiar con los estudiantes que están reprobando, como hablar con los padres, etc.Seguir estos pasos le ayudará al estudiante a mejorar. Te sentirás más feliz cuando veas que tus estudiantes están sacando buenas calificaciones en tu clase.

3

Conocimientos sobre el tema y la actitud que debes mantener

CUANDO ESTÁS PREPARANDO CLASES INDIVIDUALES, básicamente les ayudas a saber cosas y les enseñas a utilizar y a aplicar la información. ¿Qué tipo de información podrías decir que estás enseñando? ¿Es seguro decir que estás enseñando realidades? ¿Es preciso decir que estás transmitiendo ideas? ¿Es verdad que estás enseñando formas? ¿Acaso estás enseñando sistemas, compartiendo estándares? ¿Les estás diciendo a tus estudiantes la mejor manera de investigar sobre algo?

Técnicas para crear una clase en línea

Una clase en línea puede tomar formas muy distintas, en especial en el caso de las clases independientes a una escuela. Ahora vamos a analizar las técnicas rápidamente, ya que después hablaremos de ellas.

· · ·

Y considera que en estos cursos no interactúas en vivo con los estudiantes, ya que es un producto terminado que queda disponible para el estudiante.

1. Clases con videos

Esta es la forma más típica and. El maestro, tú, te pones frente a la cámara y hablas con la audiencia, teniendo de fondo un pizarrón para ayudarte a explicar conceptos y ejemplificar. Tienes que hablar mirando a la cámara como si el estudiante estuviera frente a ti, sus ojos son la cámara.

Considera que para esta forma requieres una buena iluminación, un micrófono y una cámara de vídeo que tenga buena definición para poder ver bien tu rostro y lo que sea que escribas en el pizarrón. Son cosas que es probable que ya tengas. Te recomiendo realizar unas pruebas antes de grabar los vídeos definitivos.

2. Clases con diapositivas

Si no te encanta la idea de ponerte frente a la cámara o el tema requiere material visual abundante, puedes optar por este modo. Quizás, debido al tipo de contenido que vas a enseñar, necesitas mostrarles tutoriales o un programa a los alumnos mientras estás trabajando en dicho programa.

Tienes que utilizar una aplicación que te ayude a grabar tu pantalla, tanto la imagen como el audio.

3. Seminario web

Otra forma de incluir diapositivas o video y seguir apareciendo frente a la cámara es con los seminarios web o webinar. Esta opción te permite realizar clases en vivo, programando ciertos horarios en los que tus estudiantes deben acudir. Así podrás contestar a las preguntas de los alumnos e interactuar con ellos personalmente. También puedes estructurar los contenidos y dividir las clases de tu seminario en distintos videos que terminan por componer un curso en línea. Una aplicación que puedes utilizar para los seminarios web es LiveWebinar, pero casi todas las plataformas de la actualidad permiten esta opción y son muy buenas.

4. Sólo texto

Ésta es una técnica un poco más tradicional que ya no es tan utilizada en la actualidad. No obstante, es muy útil para algunos temas. Si te gusta escribir y la materia requiere mucha lectura y estudios sobre un contenido específico, es muy bueno tener textos a los cuales acudir una y otra vez.

. . .

Puedes crear varios documentos de texto que estarán disponibles para el alumno. Los textos incluso pueden ser complementarios a los videos o que todo el contenido sean textos.

5. Clases con audios o podcasts

Estas clases son únicamente para escuchar. Se puede presentar como un podcast o como un audiolibro. Los estudiantes que eligen esta opción suelen realizar otras cosas al mismo tiempo que están escuchando, ya sea viajar en el transporte público, relajarse o pintar, las opciones son muy diversas. Es una forma de aprovechar el tiempo para hacer dos cosas al mismo tiempo. Muchos cursos de idiomas vienen en esta presentación. Para realizar un curso de audios sólo necesitas un buen micrófono, una computadora o un dispositivo móvil que tenga una buena aplicación para grabar y editar audio. Algo muy importante es que debes grabar en entornos silenciosos. Igualmente tendrás que revisar cada audio antes de publicarlo para revisar que no se escuchan sonidos al fondo que puedan ser distractores, que tu voz haya sido comprensible y que se escuche profesional.

Debes preparar los textos que vas a leer y repasarlos antes de grabar. Procura que tu tono de voz no sea monótono.

Todas estas opciones son bastante efectivas y cada una tiene sus ventajas y desventajas, así que debes elegir la técnica adecuada dependiendo del tema y contenido que vas a otorgar. Suele pasar que la elección de la técnica corresponde con tus hábitos para crear clases en línea, un estilo por así decirlo. Por eso necesitas considerar tus habilidades y recursos actuales o aquellos que debas mejorar. Por ejemplo, es muy probable que necesites aprender a editar videos y audio para lograr tener un contenido de buena calidad.

Puedes buscar programas en línea con tu mismo educarte con unos cuantos cursos de los cuales también puedes aprender el contenido y su composición.

Estas son las técnicas ya existentes, pero siempre puedes crear algo nuevo y ser creativo con tus habilidades y posibilidades. Puedes crear cursos en línea bastante innovadores y útiles si comprendes bien el tema, el objetivo, tu público meta y el contenido que quieres transmitir.

Plataformas

Para este tipo de cursos en línea existen distintas plataformas en las que puedes publicarlos de forma gratuita. Investigar cuáles son las más adecuadas para tu contenido y presentación. Por lo General, las plataformas te permiten organizar tu curso en módulos, añadir contenido adicional y proporcionárselo al público por un costo.

· · ·

Hay opciones disponibles para todos los presupuestos. Es cuestión de que investiguen y elijas uno según tu conveniencia, objetivo y presupuesto.

Entre las plataformas más conocidas existen las siguientes:

- WordPress
- Moodle
- Udemy
- Domestika
- Audible
- Spotify
- Teachable
- Thinkific
- Edx
- UniMOOC
- Coursecraft
- Kajabi

Hechos sobre la enseñanza

Estás entrenando individuos en realidades, ya que necesitas que conozcan datos específicos sobre algo. Necesitas que tengan una opinión para mostrar que recuerdan los hechos al hacer que lo demuestren, que lo repitan o que lo puedan establecer. Es difícil para el cerebro recolectar o una gran cantidad de datos cuando no están organizados y no son fáciles de referencia.

. . .

En vez de instar la realidad es dentro de un párrafo, es más útil utilizar los siguientes instrumentos:

- Las tablas ayudan a ordenar los datos de forma más comprensible
- Los diagramas ayudan a mostrar la realidad es de un artículo bien hecho
- Las tablas La ayudan a presentar información y la hacen más sencilla de leer y de procesar

Ten en cuenta que cuando presentas realidades de forma desinteresada, te arriesgas a cansar al estudiante. Esto en comparación con proponer los hechos en una posición de conversación, presentarlos de manera visual y dejar que el estudiante se vuelva un miembro participativo.

Cuando utilizas ejemplos que sean digeribles para los alumnos, es una manera más sencilla de poner el entendimiento a su alcance. Los estudiantes retienen mejor la información cuando le estás mucho a entrenamientos y permites que su mente procese los hechos en diferentes ocasiones.

Puedes hacerlo de la siguiente manera:

- Proporcionan referencias visuales para la información
- Permitir que hagan referencia al material visual en cualquier momento o de la clase
- Fomenta la práctica y la preparación, pero ten en

cuenta que no debes aburrir o cansar a los estudiantes demasiado. Los juegos son una opción muy poderosa para presentarles información precisa

Usa mecanismos para ayudar a la memoria. Puede ser mucho más fácil recordar la información cuando la relacionas con algo diferente. Si son niños pequeños, incluso puedes utilizar canciones. Crea tus propios ayudantes de memoria para permitir que tus estudiantes conecten la información con algo que ya conocen.

Cuando enseñas conceptos, procesos, procedimientos y principios

Cuando estés enseñando este tipo de clases, necesitas que el estudiante conozca y aplique la información.

Cómo enseñar conceptos

Las ideas son un conjunto de cosas o pensamientos que comparten unas cuantas cosas que tienen en común. Por lo general, no enseñas ideas sólo para que el individuo las recuerde o las repita. En vez de eso, como regla, necesitas que sean capaces de aplicar el concepto. Cuando estás enseñando perspectivas o puntos de vista, necesitas dar la definición y unos cuantos ejemplos de la idea.

También es bastante poderoso proporcionará analogías como de los que estén relacionados con cualquier cosa que sea parte del concepto. Las analogías ayudan al estudiante a contrastar algo de lo que no tienen idea con algo que sí conocen. Utiliza situaciones que les sirvan de práctica al darles opciones de lo que sí son y de lo que no son los conceptos para que ellos reconozcan cuáles son correctos y cuáles son incorrectos.

El método más efectivo para enseñar procesos

Los procedimientos son básicamente el funcionamiento de algo. Comprender un proceso ayuda a los estudiantes a saber por qué ciertas maneras específicas son importantes o qué cosas son explícitamente importantes en cada progresión. A veces, tus estudiantes van a necesitar comprender básicamente el procedimiento. En casos diferentes, ellos deberían comprender y aplicar el proceso.

En el caso de que tu objetivo sea sólo que los estudiantes comprendan un procedimiento, para ese caso puedes mantener la preparación superficial y esperar que ellos tengan la opción de saber o de clarificar el proceso.

En el raro caso de que necesites que ellos apliquen la idea, con el objetivo de que eso encaje con una idea más general o de que investiguen el procedimiento, tu preparación debería ser enseñarles a usarlo, no solamente recordar y repetirlo.

Se realiza de la siguiente manera:

- Si existen realidades que deben conocer a mientras aprenden el procedimiento, primero tienes que aclararlas. Explicar el proceso como una mezcla de palabras, imágenes, tablas, gráficas y bocetos
- Presenta el procedimiento utilizando un boceto, una gráfica o un diagrama. Asegúrate de registrar los avances
- Utiliza imágenes para hablar de las diferentes fases del procedimiento

En varias ocasiones no será esencial que el estudiante practique con su entendimiento del procedimiento. En el raro caso en el que a reconocer los diferentes pasos del proceso no sea algo que necesiten hacer, no proporciones la oportunidad de practicar. Si ya has aclarado el proceso para asegurarte de que comprendan el plan general, no existe una verdadera obligación para el entrenamiento o la práctica.

En diferentes casos, tus estudiantes deberían utilizar su entendimiento del procedimiento.

. . .

Por ejemplo, si tus estudiantes están aprendiendo a utilizar programas de diseño y necesiten investigar del tema, ellos deberían utilizar su proceso de entendimiento para investigar de forma adecuada. Considerando todo esto, deberías establecer situaciones de Entrenamiento que le permitan al estudiante trabajar con la información para realizar la investigación. No sólo pidas un resumen de los propósitos del procedimiento.

Lo equivalente también aplica cuando estés evaluando la comprensión de los estudiantes respecto a los procedimientos. En el caso de que sólo necesites revisar un proceso para ver cómo funciona su trabajo en un entorno más general, no se supone que tengas que evaluarlos en el procedimiento.

Sin importar el caso, en el caso de que necesiten utilizar su comprensión de un proceso en una circunstancia en particular, tienes que pedir que enlisten los propósitos y explicar el procedimiento. Evalúalos según su capacidad para realizar la tarea que requiere que comprendan el proceso.

Cómo enseñar procedimientos

Un sistema es un análisis básico de actividad que un estudiante debe realizar.

. . .

De vez en cuando puede ser difícil distinguir con precisión todos los propósitos de una técnica antes de demostrar la estrategia a otras personas. En el caso de que no seas un especialista en el método, debes hablar con un individuo que sepan bien la estrategia y que te ayuden a distinguir los propósitos de cada cosa.

También puede ser útil ver a alguien poner a funcionar el sistema, para que puedas ver cómo lo hace. Recuerda, muchos especialistas conocen un sistema tan bien que ya puede estar programado en ellos. Cuando te expliquen los diferentes avances, tal vez se olviden de unos cuantos. Para esto, puede ser bastante útil grabar a la persona.

Cuando estés explicando los propósitos de una estrategia, considera a tu público. ¿Qué tanto saben al respecto? En el caso de que un solo individuo presente avances, debes explicarles los diferentes propósitos a todos los demás, para quienes el tema es nuevo. Por ejemplo, para alguien que ya ha preparado muchos postres, saber hacer merengue es algo básico. Pero, para un individuo que apenas comienza, puede ser algo difícil separar los huevos, saber qué azúcar usar, usar una batidora, saber qué es el punto de turrón, etc.

Recuerda que tu objetivo no es simplemente hacer que los estudiantes expresen el propósito de una metodología. Más bien, necesitas que tengan la opción de realizar todos sus pasos.

En cualquier punto, dar tareas ayuda a aclarar los propósitos del sistema y permíteles usar esa actividad durante la preparación.

Se hace de la siguiente manera:

- Incluye una expresión diferente de los varios pasos del sistema. Utiliza una gráfica, una tabla o un boceto, e incorpora una fotografía, un dibujo o un video
- Proporciona una exhibición del método más efectivo para llevar a cabo la estrategia
- Crea la oportunidad de llevar a cabo la estrategia para que puedan trabajar en su realización sin ayuda de otra persona
- Ofrece explicaciones y comentarios a los estudiantes conforme trabajan para realizar su estrategia. Asegúrate de explicar bien lo que están haciendo correctamente y en lo que están fallando. Proporciona críticas continuas de forma cordial y constructiva

Lo mismo sucede con la mayoría de las otras clases, aparte de la información, los estudiantes deben saber el método y aplicarlo. Al saber los métodos, pueden enlistar los propósitos. Tener la opción de llevarlo a cabo implica que pueden terminar la técnica. En el caso de que este trabajo o de relacionado con el curso, es probable que necesiten poner a funcionar el sistema.

· · ·

Esa es la razón por la que necesitas evaluar constantemente, en el caso de que necesiten aplicar el método, no sólo analizar los propósitos y los medios.

Cómo enseñar principios

Cuando estás preparando a un individuo para aplicar estándares, las circunstancias no serán efectivas si no se cometen unos cuantos errores en el camino. Necesitas que tu estudiante siga o utilice muchas reglas para usar los estándares en varias condiciones, cada uno de los cuales no será igual a los demás. No existen conjuntos establecidos ni duplicaciones exactas de los pasos.

De forma similar a como el ya examinamos diferentes tipos de temas en esta parte, Los estudiantes pueden simplemente recordar los estándares o aplicar los estándares. La mayoría de las veces, es más exitoso lograr algo más allá de la evaluación en el caso de que necesiten repetir los estándares.

Debes realizar objetivos de aprendizaje para lograr que ellos apliquen el estándar y darles oportunidad de aplicarlo. Al final, necesitas supervisar el aprendizaje de tus estudiantes al evaluar su utilización de los estándares.

· · ·

Cuando entrenas a los estudiantes para aplicar los principios, tu clase debería presentar y aclarar los estándares y las reglas.

Proporciona una exhibición o ejemplos de las reglas siendo aplicadas en varias situaciones. Procura que la exhibición se realice en un entorno razonable, con las condiciones lo más reales posibles, para que el estudiante las comprenda.

Realiza preguntas a los estudiantes sobre lo que ven en varias situaciones modeladas, por ejemplo:

- ¿Pueden reconocer qué estándares están siendo aplicados y cuándo?
- ¿Para los efectos del estándar, qué tienen en común las situaciones? ¿Cómo son diferentes?
- ¿Qué funcionó? ¿Qué no funcionó?
- ¿Cómo pueden ser mejorados los modelos que no funcionaron?

Dales unas cuantas oportunidades a los estudiantes para trabajar aplicando las reglas en varias circunstancias para una situación diseñada para el estudio que tenga condiciones equivalentes o lo más cercanas a la realidad.

Actitud para la clase

. . .

Elegir tu curso probablemente será una decisión intencional del estudiante. Si llega a suceder que el estudiante se siente muy cansado, es muy probable que no termine tus clases.

No hay nada más terrible que soportar una clase agotadora. Tus estudiantes deben conectar contigo para mantenerse interesados en la materia.

Incluir ambos lados del cerebro

Probablemente, el método ideal para hacerlo es incluir los dos lados del cerebro. Aquí hay un contraste entre el lado derecho e izquierdo de la mente:

El lado izquierdo del cerebro que es altamente sensible. Le corresponden las actividades del razonamiento sistemático y suele incluir todos los lineamientos, paso a paso. Eso significa que tienes que comunicar tu mensaje de las siguientes maneras:

- Incluir una asociación coherente y sucesiva de los temas
- Dividir la información en pequeñas porciones
- Incluir medidas, realidades en afirmaciones
- Proporciona tareas y preguntas
- Minimizar las interrupciones
- Mantenerlo sistemático

- Añadir investigación autónoma

El lado derecho del cerebro es progresivamente visual, imaginativo y razonable. Debes recordar que los componentes para la preparación de tu clase permitan que el estudiante utilice este tipo de razonamiento. Aquí hay unas cuantas técnicas que te ayudarán a realizarlo:

- Fomentar el pensamiento más allá del plan educativo de la clase
- Proporcionar opciones a los estudiantes para aplicar las ideas a diferentes aspectos de sus vidas
- Facilitar pensamientos y desarrollos imaginativos
- Presentar una variedad de puntos de vista y perspectivas
- Incluir imágenes visuales, formas y sombras
- Involucrar las facultades y permitir que examinen atentamente, compongan, estén al tanto y piensen simultáneamente
- Fomentar que tomen apuntes. Puede ser tan necesario que hasta puedes dar un poco de tiempo para incorporar los apuntes. Proporciona una alternativa para interpretar tu estilo educativo
- Crear la oportunidad de conversaciones abiertas y acumular experiencias
- Incorporar ejercicios inventivos de pensamiento crítico

Al garantizar que tu clase está organizada de tal manera que conecta con los dos lados del cerebro, es probable que los estudiantes tengan menos deseos de abandonar tu curso y, si eres independiente, te dejarán buenas reseñas.

Permitir que los estudiantes personalicen su aprendizaje

A unos cuantos estudiantes les gusta terminar sus tareas de forma exitosa. Algunos querrán revisar todo el ejercicio y resaltar los títulos para que se vea la relevancia. Cuando llegas a dar una perspectiva más amplia de las aptitudes y la información que vas a cubrir, los estudiantes tendrán la oportunidad de ajustar tu clase a sus necesidades y deseos.

Unos cuantos estudiantes tal vez quieran esforzarse un poco más por medio de ejercicios adicionales, mientras que otros querrán permanecer dentro de los requerimientos básicos.

Eso le dará a los estudiantes una experiencia de aprendizaje más amplia y eso los mantiene conectados y evita la decepción.

Interfaz con emociones humanas

La mayoría de las personas recolectan información cuando están relacionada con algún sentimiento.

Eso fomenta el entusiasmo por la materia y hace que los individuos quieran actuar. Los estudios han demostrado que hay una mayor permanencia en las clases que ofrecen la posibilidad de sentir.

Sin una historia y sin experiencia, tu mensaje no va a tener éxito y dejará que los estudiantes se sientan deslindados de la información. Estas son algunas maneras que te ayudarán a relacionar a tus estudiantes con alguna emoción:

- En vez de poner el énfasis en las habilidades y en la información, asegúrate que una porción de los resultados del aprendizaje sea alrededor de cómo se sentirán tus estudiantes al terminar el curso
- La descripción de tu clase debería aclarar la manera en la que va a mejorar la vida de tus estudiantes
- Utiliza palabras relacionadas con las emociones en la clase introductoria
- Apela a las razones más importantes que podrían tener tus estudiantes
- Proporciona ejemplos significativos e investigaciones de situaciones y personajes genuinos. Asegúrate de que se relacionen con el tema que vas enseñar
- Incluye ejercicios inteligentes, por ejemplo, reflexiones diarias y conversaciones o discusiones sobre el tema

Da la oportunidad de una reflexión y autoevaluación

Cuando los estudiantes pueden hablar de sus experiencias para llevar a cabo un proceso de aprendizaje individual, pueden añadir información adicional importante de sus propias vidas. Además, esto proporciona otra oportunidad para integrar las emociones a tu clase. Puedes lograrlo por medio de una gran variedad de actividades y ejercicios que hacen que el estudiante puede las diferentes maneras de lidiar con las circunstancias.

Algunos métodos más eficientes para fomentar la autoevaluación en la clase pueden ser llevar un diario, realizar conversaciones dentro de la clase, los estudiantes pueden mencionar las dificultades que tuvieron con una tarea y la manera en la que lo solucionaron, hacer una encuesta considerando los efectos que tuvieron los temas de tu clase en los estudiantes o realizar una actividad en la que los estudiantes muestren sus avances respecto a esa área de conocimiento.

Comprende a tu audiencia

Los adultos establecen experiencias en información cuando obtienen algo de conocimiento nuevo y útil. Estos encuentros pueden ser aceptables o terribles. Pueden afectar y cambiar los deseos e inclinaciones del estudiante.

Eso implica que deberías asegurarte de que tu clase considera los contrastes entre las personas y sus encuentros pasados con la materia. Por ejemplo, unas cuantas personas pueden tener una relación contaría con el aprendizaje convencional en el salón de clase y requieren un mayor entendimiento. Todo se trata de caracterizar a tu estudiante óptimo.

Deberías comprender a tu audiencia para que puedas pensar en los contrastes de niveles educativos, financieros, culturales y otros componentes significativos. Al comprender a tu audiencia, puedes planear la preparación de tu clase considerando las necesidades explícitas y manteniendo una distancia estratégica de la insatisfacción del estudiante (lo cual evitará las reseñas negativas si eres un maestro independiente)

Errores comunes que debes evitar

1. No saber o comprender a tu audiencia

Antes de crear tu plan de estudios, debes esforzarte por caracterizar y pensar en tus estudiantes meta. Cuando comprendes a tu público, te puedes concentrar en el punto general del curso y crear un plan de ejercicios.

. . .

2. No asignar objetivos de aprendizaje para cada parte del curso

Cada módulo, cada ejercicio y cada tarea en tu clase debe tener una razón de ser. Cuando los estudiantes comprenden la importancia y el beneficio de cada uno de estos, se sienten alentados a comprometerse con tu clase. Para mantener motivados a los estudiantes, tienes que realizar énfasis ocasionales en lo que van a salir ganando del curso. Registra cada objetivo en una voz dinámica e individual. Por ejemplo: "investiga la manera en la que funciona tal cosa para que puedas lograr esta cosa".

3. Crear clases muy largas y pesadas

Tu habilidad en la rama de conocimiento puede llevarte a compartir todo lo que piensas sobre el tema, pero eso puede ser una experiencia demasiado abrumadora para tus estudiantes. Al final, cuando estés realizando tu plan de ejercicios, tienes que revisar constantemente que estás siguiendo el objetivo general de tu curso.Intenta no confundir tus ejercicios al llenarlos de toda la información que sabes. Piensa en si la información que estás incluyendo es esencial, si tiene un objetivo, si has asegurado que corresponde con las habilidades, si es un pedido razonable y si hay algo que pueda evitar que tus estudiantes realicen la actividad.

. . .

Un acceso de información puede llevar a la falta de acción, mientras que demasiada poca información dejar a los estudiantes confundidos y sin saber qué hacer.

4. Crear páginas llenas de texto

Los estudiantes pueden asimilar y retener la información si no es una carga para su límite psicológico. Si molestas a tus estudiantes con demasiadas páginas llenas de texto, ellos se van a sentir abrumados y la clase no tendrá relevancia.

Hacer que la comunidad en redes sociales y fuera de línea se vuelva tu clase

Si eres un maestro independiente que no está dando clases en una escuela en la que los alumnos van cambiando de año o de clases de formas determinadas, esto es importante para ti. Los maestros independientes tienen que buscar a sus propios estudiantes. Para hacer que tu comunidad se vuelva una clase, debes utilizar todas las estrategias de marketing que conozcas. Cuando tengas lista tu página web y tu plataforma de clases, es el momento de encontrar a algunos estudiantes que se inscriban a tu clase en línea. La mejor manera de crear una comunidad en línea es identificando tu audiencia meta, las personas que son tu objetivo. Una vez que conoces a tu audiencia es el momento de llegar a ellos.

Existen muchas maneras en las que puedes contactarte con tu audiencia en línea. Estos consejos te ayudarán a encontrar estudiantes para comenzar con tu escuela en línea. Sí ya has comenzado, la mayoría de estos consejos también te ayudarán a aumentar tu comunidad en línea.

Redes sociales

Es una de las mejores maneras de comunicarte con tu audiencia. Existen muchas plataformas de redes sociales que puedes utilizar para promover tu escuela, como Facebook, Instagram y Twitter. Cuando estés haciendo publicidad, concéntrate en lo que el estudiante va a obtener de tu curso, qué va a salir ganando. Utilizar videos explicativos como parte de tus campañas promocionales en redes sociales. Los vídeos llaman la atención de las personas más rápido que los textos escritos.

Si ya has comenzado tu escuela en línea, las redes sociales son otra manera de incrementar tu comunidad. Las redes sociales te permiten llegar a los padres y familiares que quieren que sus hijos se inscriban a las clases en línea.

Optimización de tu página web

Un sitio web que proporciona respuestas va a crear una buena impresión. Deja que tu sitio web cree la imagen correcta en la mente de tus visitantes. Si los estudiantes visitan tu sitio web y descubren que es difícil navegar entre las distintas pestañas y opciones, no van a pasar mucho tiempo en tu sitio web y van a dejarlo sintiéndose insatisfechos. Optimiza tu sitio web de tal manera que sea fácil de navegar y comprender.

Aumenta la velocidad de carga de tu sitio web y deja muy claras las reglas donde todos puedan acceder a ellas.

Menciona tus objetivos y metas en tu sitio web para que los visitantes sepan lo que pueden salir ganando de tu curso.

Optimizar tu sitio web desde el tema, las páginas, las reglas y la página de acceso. Haz que todo sea simple y directo.

Mejorar tu búsqueda orgánica

Aunque vas a llevar a cabo muchas campañas en redes sociales, no te olvides del poder de búsqueda del buscador de Google. Existen millones de personas en todo el mundo realizando una búsqueda en línea sobre tu clase. Hasta que no se atraviesen con tu clase, no se van a inscribir. Eso significa que crear presencia en el motor de búsqueda es muy importante para crear una comunidad en línea. Si ya tienes una escuela en línea, trabaja en tu motor de búsqueda.

Supongamos que un padre se muda a un lugar en el que no hay una escuela o no hay clases de la materia que tú enseñas. Es de esperar que lo va a buscar en Google. Tal vez busque algo como "mejores escuelas en tal lugar" o "mejores clases de tal cosa".

· · ·

Por eso tienes que tomar en cuenta la posición en la que se encuentra tu escuela dentro de tu área.

Las ventajas del poder de Google AdWords

Esta es otra manera de llegar a los padres y a los estudiantes en línea. Esto te va a permitir llegar a los padres en cualquier momento en el que estén investigando sobre escuelas. Planear una publicidad digital exitosa te ayudará a incrementar tu presencia en línea rápidamente.

Sin embargo, antes de que tengas una campaña de publicidad exitosa en la web, primero necesitas comprender cómo funcionan esas plataformas. Ahora te daré unos cuantos consejos que te ayudarán a crear una campaña exitosa:

- Escribe un anuncio atractivo utilizando tus palabras clave. Deja que tu anuncio anime a los padres y estudiantes a dar click en él
- Crea una página principal única. En esta página principal debes hablar de tus objetivos y debe proporcionar las respuestas que estamos buscando
- Haz que los visitantes acudan directamente a tu página principal. Eso hará que vean rápidamente lo que están buscando
- Comprende lo que los padres y estudiantes están

buscando y entrega eso en tu página. Puede ser realizar una investigación de palabras clave o espiar a tu competencia para saber lo que los estudiantes y los padres están buscando en las clases en línea

- Monitorear tu campaña de publicidad de vez en cuando. Eso te permitirá saber de dónde vienen tus visitantes y tu retorno de la inversión. Una manera de hacer esto es integrando Google analytics a tu plataforma.

Utiliza tus contactos y conocidos para darle algo de peso a tu actividad en línea. Aunque estés realizando campañas en línea, también puedes sacar ventaja de tus conexiones fuera del internet. Puedes acudir a tus parientes y amigos.

Puedes crear pósters y anuncios. Puedes comunicarte con padres y estudiantes fuera del internet. Habla con ellos sobre tu escuela en línea.

Seminarios web y podcast

Los webinar y los podcasts son otra forma de acudir a tus amigos. Puedes llevar a cabo un webinar en vivo en el que hables de tu escuela en línea. También puedes mandar un podcast pregrabado a tus amigos en línea. Estas son maneras de llegar fácil y rápido a las personas en línea.

· · ·

Aumenta tu presencia en línea

Mejora tu presencia en línea a través de varias plataformas de redes sociales. Vamos a pensar que tienes alrededor de cuatro mil amigos en Facebook. Cuando publicas un anuncio en tu muro, probablemente llegará al 25% de tus amigos, al menos, lo cual son mil personas. Digamos que tienes una base de amigos similar en otras plataformas de redes sociales, así lograrás llegar a miles de personas diariamente sin tener que realizar una campaña de publicidad.

Existen diferentes maneras en las que puedes promover tu escuela en línea. Una manera es llevar a cabo un seminario presencial en el que reúnes personas y hablas de tu escuela.

Otra forma es realizar una campaña mediática en la que publicas anuncios por televisión, radio o periódicos. Estos medios te van a proporcionar la oportunidad de llegar a millones de padres y estudiantes.

Principios de redes sociales

Si eres un maestro independiente, debes estar consciente en todo momento que tus clases son un producto que quieres vender. Por lo tanto, tendrás que aprender a vender tu producto o a los clientes.

Nunca debes exagerar. Lo primero que necesitas recordar es que no deberías incluir productos afiliados en cada publicación. Piensa en que es una situación similar a cuando tu vecino, que es un vendedor de autos, se aparece en tu puerta porque quiere hablar un momento o cuando toca el timbre un vendedor de aspiradoras. Ambos se van a aparecer en tu puerta, pero la diferencia es a quién quieres imitar y a quién no.

Incluso cuando sabes que tu vecino vendedor de autos va a bromear contigo un poco con chistes sobre ti saliendo de casa a comprar un auto nuevo (y quizás incluso te convenza), también sabes que vas a reír un poco y que la vas a pasar bien con ese vecino porque es una presencia amigable en tu casa. Mientras tanto, el vendedor de aspiradoras viene a tu casa por una simple razón: venderte algo. Todo el tiempo intenta crear una impresión, nunca vas a dejar de estar a la defensiva, vas estar pensando críticamente sobre cualquier cosa que diga, intentando, de forma subconsciente, impedir que hagas una compra de cualquier cosa que intente venderte. No quieres que tu audiencia se sienta como en el segundo caso, a la defensiva, por las constantes insistencias a comprar en las comunicaciones con los demás.

La cuestión es que, cuando incluyes la publicidad de un producto afiliado en cada publicación, es muy aparente que estás intentando que las personas hagan click en ella.

. . .

Incluso aunque no comprendan lo que es el marketing afiliado, probablemente han escuchado de personas que incluyen enlaces en sus publicaciones o que realizan publicaciones específicamente para promover un producto. Es algo bueno de saber, pero eso no los hace querer dar click en el producto. De hecho, hace que sea menos probable que regresen a tu sitio web, ya que sienten subconscientemente que van a tener un montón de ofertas de productos en su cara todo el tiempo. Eso no es lo que están buscando. Están buscando algo que comprar relacionado con tu nicho: quieren saber más al respecto y eso es lo principal.

Recuerda que, si alguien puede obtener de ti el mismo recurso o información de forma gratuita, que de otra manera estás vendiendo, absolutamente optarán por la versión gratuita. Algunas personas no están en internet intentando comprar cosas; están en internet intentando ver qué cosas positivas pueden obtener de forma gratuita. Especialmente si están buscando en los sitios de tu nicho por curiosidad, no van a llegar a tu sitio web intentando comprar algo. Sobre todo, ellos están allí para disfrutar del contenido que estás publicando y obtener algo de valor. Si no les ofreces ese valor, no les estás proporcionando nada y ellos no volverán.

Siempre recuerda que no estás intentando venderles algo explícitamente. Les estás ofreciendo la oportunidad de comprar algo y, si no lo hacen, es su decisión.

· · ·

Digamos que tú eres el usuario meta, el objetivo, y estás buscando un sitio lleno de información sobre la dieta Keto.

Estás considerando empezar esa dieta y quieres encontrar muchas recetas y suficiente información para comenzar. Así que realices una búsqueda en Google y encuentras un resultado que dice "Comer grasas para adelgazar". Piensas que es un título interesante y revisas esa página.

¿Qué es lo que quieres ver y, más importante, que es lo que no quieres ver?

Las personas que intentan vender cosas en línea cometen errores graves porque con mucha frecuencia suenan como publicistas. Si saben de lo que están hablando o suenan como que están recitando las instrucciones que han leído miles de veces intentando realizar una venta para obtener la comisión, las personas no van a creerlo.

Si quieren venderles cosas a los humanos, lo creas uno, debes actuar como un verdadero ser humano, no como alguien que se comunica sólo gritando y exigiendo "compra ahora para obtener el 50% de descuento, el mejor descuento de la televisión y aún hay más…" mientras intentan vender un producto.

. . .

Aunque puedas sonar extraño y exagerado, realmente existen mercado locos y publicistas que fracasan porque simplemente no saben cómo hacer publicidad para sus productos. Tienes que ser más listo que ellos para que eso no te pase.

Lidiar con reseñas importantes

Es muy importante que comprendas que trabajar en el mundo digital viene con una gran cantidad de críticas innecesarias, imprecisas e insultantes. También necesitas darte cuenta de que cada producto obtendrá reseñas negativas, incluso si es algo popular. Una reseña más negativa de todas maneras cuenta para tu total general de reseñas. Probablemente creerás que es reconfortante saber que los pensamientos malvados del usuario son ignorados por qué buscan errores serios en tu producto y no una hostilidad sin sentido.

También es muy importante que comprendas que todavía puedes salvar la situación al asumir que la persona ha comprado tus productos. Si tienes la información de contacto de la reseña negativa, la mejor forma de actuar es comunicarte con el cliente y hacerle saber que trabajarás con él para asegurarte de que está satisfecho con su compra o con el resultado. Siempre es importante tomarte algo de tiempo para obtener perspectiva de la situación y nunca comunicarte con el cliente cuando la molestia de su comentario sigue presente en tu mente.

Recuerda, si puedes convertir una reseña negativa en una experiencia positiva, estás en camino para crear una reseña y reputación más positiva. Si el comentario prueba ser impreciso, viola tu privacidad y se considera grosero, puedes pedir que retiren esa reseña. De otra forma, lo mejor que puedes esperar es proporcionar productos de calidad y servicios de calidad mientras haces todo lo que puedes para asegurarte de que lleguen las reseñas positivas.

Diseñar una página de atención al cliente

Vas a necesitar interactuar con tus clientes de forma constante. Algunas veces ellos querrán contactarte, darte un mensaje o hacer una pregunta. Necesitan una plataforma para hacerlo, y una página de servicio al cliente es esencial.

Deja que tengan la opción de llamarte, mandarte un mensaje de texto, mandar un correo electrónico e incluso mandarte una carta por medio del servicio postal. Si recibes notificaciones de parte de tus clientes, debes contestar lo más pronto posible. Asegúrate de contestar a todas las dudas, preguntas y consultas.

Los comentarios positivos e incluso parcialmente positivos son muy importantes. Por eso, debes proporcionar un sistema de calificación que permita a los clientes calificar tus productos y servicios.

Eso te permitirá examinar tu desempeño y, si todo sale bien, mejorar donde te hace falta. Por lo tanto, es prudente que actúes conforme a la retroalimentación que obtienes. Siempre debes ser amable y educado con tus clientes, no importa que tan hostiles sean en los comentarios.

Trabaja duro en todo momento. Esforzarse significa crear nuevos diseños para las playeras, involucrarte en clases de diseño web, realizar trabajo de publicidad como actualizar tus blogs y páginas de redes sociales, y cosas por el estilo.

Si trabajas duro en las etapas iniciales, vas a disfrutar de ganancias pasivas regulares. También tendrás mucho tiempo libre del que podrás disponer, asegurándote de que eres libre de involucrarte en otros trabajos. Es uno de los grandes beneficios de comenzar un negocio que crea ingresos pasivos.

Añade imágenes a tus publicaciones

Cada vez que publicas un nuevo contenido en tu sitio web, querrás que todo el mundo lo sepa a lo largo de todas tus redes sociales. Debes ser algo más que un simple enlace; sin embargo, los estudios han demostrado que, si incluyes una imagen junto con el enlace y un breve comentario, las probabilidades de que otras personas lo compartan aumentan casi el 200%.

Eso no sólo incrementa las vistas de tu publicación, sino que también aumenta la velocidad y la cantidad de interacciones con tu publicación.

No tengas miedo de compartir el contenido varias veces

Tal vez tengas un poco de miedo al publicar el mismo contenido muchas veces por el miedo a molestar a los usuarios. Si consideras el exceso de contenido que existe, consultar muchas en las redes sociales significa que tu audiencia meta puede perderse fácilmente de tu publicación que hablaba de tu contenido más reciente. Para ayudarles, publicar unas cuantas veces a lo largo de diferentes horas del día y registra tus resultados hasta que hayas encontrado las mejores horas de cada día para llegar a tu público meta.

Debes hacerte conocido

Uno de los hechos esenciales de crear una conexión significativa con tu audiencia meta es creando un personaje en línea para ti mismo, para que así no sientan que están tratando con una organización sin rostro. Eso significa que vas a tener que crear una página que hable de ti mismo y llenarla con información de una versión de ti mismo con la que pueda relacionarse la audiencia meta, incluso si eso significa que tengas que exagerar las cosas un poquito.

Es más probable que los usuarios visiten tu página si se sienten conectados con la persona misma, incluso si todo lo demás se queda igual.

Enfocarte en los *influencers*

Especialmente cuando estás comenzando, hacer que tu contenido aparezca frente a los ojos correctos será igual de importante que crear contenido de calidad. Para hacer que empiece a girar la rueda de las redes sociales, tal vez te puede ayudar comunicarte con las personas que tienen mucha influencia en tu audiencia meta y mandarles un enlace del contenido de tu sitio. Debes hacerlo de tal manera que no parezca que simplemente deseas más vistas, sino que debes mandar un correo electrónico respetuoso en conjunto con unos cuantos enlaces seleccionados de tu trabajo. Eso puede llevar a una gran cantidad de resultados si asumimos que el *influencer* muerde el anzuelo e incluye un enlace a tu trabajo en todas sus redes sociales.

5

Crea rápidamente tus clases en línea

Uno de los programas que es usado por la mayoría de las escuelas cuando se trata de clases en línea es Google Classroom. Te enseñaré unos pasos sencillos para instalar y tener listo Google Classroom. Debería serte muy fácil instalarlo y seguir usándolo de forma natural. Sigue los siguientes pasos para realizar tu cuenta como maestro en Google Classroom:

Para empezar, entra a la página web de Google Classroom "clasroom.google.com/".

Inscribirse

Puedes utilizar Classroom al iniciar sesión utilizando una cuenta Gmail cuando vayas al sitio web de la clase, o puedes utilizarlo para fines educativos sin un texto. De esta manera, todo funcionará bien para ti. Si tienes cientos de alumnos, sólo será difícil lidiar con todos ellos. Vas a tener que agregar uno por uno.

Al descargar la aplicación de Google Classroom e ingresar la información de tu cuenta, te puedes inscribir como maestro o como estudiante a la sesión de Google Classroom.

Ten en cuenta que tu escuela debe estar registrada con la aplicación de Google para tener una cuenta educativa y que así puedas acceder a Google Classroom: también debes estar registrado en Google Chrome con tu cuenta de correo escolar.

En Google Chrome abre una nueva pestaña. Si no tienes Chrome en tu computadora, puedes descargarlo de forma gratuita usando cualquier buscador web. Ahora sí, en Chrome, da click en la esquina superior derecha, justo debajo de los botones de minimizar, maximizar y cerrar; donde aparece un botón con la silueta de una persona. Si alguien ya ha iniciado sesión en Chrome, aparecerá su nombre.

Dale click a la opción "iniciar sesión en Chrome". Si ya hay una sesión iniciada, entonces selecciona "Añadir". Elige un nombre y una imagen para tu cuenta, dale click a siguiente y luego ingresa su correo electrónico de Gmail. Dale click a siguiente. Recuerda que no puede ser tu cuenta personal, sino que debes utilizar tu cuenta institucional proporcionada por tu escuela y tu escuela debe haber creado una "G suite" para que los maestros puedan acceder.

Por lo general, esas cuentas de correo electrónico instituciones terminan en ".edu". Ingresa tu contraseña y luego da click en "iniciar sesión". Te llevará a la página en blanco con la que iniciaste. Escribe en la barra de navegación la dirección "clasroom.google.com/" y así entrarás a las opciones de Google Classroom como maestro.

Si tú estás a cargo de la institución, primero debes inscribir la escuela por medio de "G Suite". Le das click a la opción para obtenerlo de forma gratuita y luego ingresar los datos que te piden sobre la institución, incluyendo su página web, conocida como dominio. Para tener acceso a todos los recursos de manera ilimitada, tanto maestros como alumnos, tendrás que pagar cierta cantidad como institución.

No obstante, existe una opción gratuita si no se inscriben como institución y cada maestro administra sus clases de forma particular. Igualmente necesitas tu cuenta en Classroom con un correo electrónico que, en este caso, no necesita ser el institucional.

Ahora sí, ya estás en tu página en blanco de Google Classroom. Dale click a "+" en la parte superior derecha de la página. Selecciona la opción "crear una clase". Si estás en la versión no institucional, lee y acepta el acuerdo de privacidad y luego da click a "continuar". En la ventana que aparecerá, escribe el nombre de la clase, sección, materia y aula.

Una vez que has creado una clase, la página de bienvenida ya no va a aparecer cuando inicies sesión en Classroom, sino que entrarás directamente a la página donde aparecen todas las clases en las que estás inscrito, tanto como profesor como alumno. Se verán como unos cuadros con los nombres de las clases y unos pocos datos más. En esta misma página puedes seguir añadiendo clases al dar click en "+", ya sea para unirte a una clase o para crear una.

En el recuadro de cada clase verás en su esquina superior derecha tres puntos verticales. Si le das click, te aparecerán distintas opciones: mover, copiar enlace de invitación, editar, copiar y archivar. Si seleccionas la opción de archivar, tus alumnos y tú podrán seguir accediendo a la clase, pero nadie puede añadir tareas o hacer cambios.

Pero no te preocupes, puedes recuperar la clase archivada al buscarla en la sección de "Clases archivadas" en el menú lateral que surge al dar click en las tres rayas horizontales junto al logotipo de Google Classroom. En la clase archivada, le das click en los tres puntos y seleccionas "restaurar". Para volver al inicio, haz clic en el menú de las tres rayas horizontales y selecciona la primera opción, "Clases".

Si en el cuadro de la clase, le das click a la carpeta de la esquina inferior derecha, te llevará directamente a la carpeta de Google Drive donde están almacenados todos los archivos de la clase.

Ahora se ha creado tu salón de clases virtual. Accede al darle click al recuadro de la clase. En la parte superior verás cuatro pestañas. El "Tablón" es como la página de inicio o la principal donde aparece el nombre de la clase, el código de la clase que le debes proporcionar a tus alumnos para que se unan, también verás las tareas próximas y puedes hacer anuncios para que los vean tus alumnos.

Para invitar a los estudiantes a tu clase, deja que se registren al proporcionarles el código que aparece debajo del nombre de la clase. Comparte con ellos ese código para que accedan. Otra forma es invitarlos por correo electrónico. En la pestaña de "Personas", puedes invitar a los alumnos al darle click a la opción de añadir alumnos (también puedes añadir profesores). En la ventana que surge, puedes anotar los correos electrónicos de tus estudiantes o copiar el enlace de invitación y compartirlo con ellos. El único detalle es que los alumnos ya deben tener una cuenta en Google.

Si eres estudiante, en la página principal de Google Classroom debes dar click en "+" y la opción "unirse a una clase". En la página que se abrirá, tienes que ingresar el código de la clase proporcionado por el maestro. Luego da click a "unirme" en la esquina superior derecha de la página. Ya has iniciado sesión de forma exitosa.

Ahora, como maestro, ya estás listo para iniciar las clases. Ya está ahí y es accesible para todos tus estudiantes. Ahora tienes que hacer unas cuantas cosas antes de empezar en forma.

Para crear tu primer anuncio, simplemente tienes que escribirlo en el Tablón de tu clase, añadir algún material que quieras y, si quieres, programar una hora de publicación; le das click a la flechita de "publicar" y listo. Una vez publicado, puedes darle click en los tres puntos del lado izquierdo y podrás mover ese anuncio al principio (si es que hay más anuncios), editarlo, eliminarlo o copiar el enlace para compartirlo con tus alumnos.

Para crear tareas, pon atención a lo siguiente. La pestaña "Trabajo de clase" es donde creas y administras el trabajo de clase que incluye tareas, cuestionarios, preguntas, material, temas y también está la opción de reutilizar una publicación que ya hayas hecho antes. A la hora de crear cualquiera de estos, se asigna una fecha de entrega y el material. En esta misma pestaña está la opción de crear una carpeta de Google Drive para la clase, en la cual puedes subir todos los archivos de los materiales que usarán en el curso (o se irán subiendo conforme los añadas a las tareas que vas creando).

No olvides tener contadas tus tareas.

· · ·

Será más fácil para tus estudiantes saber cuál va primero si las ordenas por fecha de entrega. También puedes mover tareas al principio. Si le das click al nombre de la tarea podrás ver si hay alumnos realizando la tarea. También puedes calificar y dar retroalimentación en esta pestaña. Luego de revisar y hacer notas, deberías regresar la tarea a tus estudiantes para que puedan revisarla y editarla.

En la sección donde creas una tarea, escribes el título de la tarea y las instrucciones. Conecta algo de material relativo al tema con la tarea. Puedes añadir un archivo del Google Drive, un enlace, un archivo (al subirlo de tu propio equipo) o un video de YouTube que puedes buscar o ingresar el url. También puedes crear material adicional al momento, ya sea un documento, presentación, hoja de cálculo, dibujo o formulario. Si adjuntas un archivo puedes elegir si quieres que el alumno sólo vea el archivo, si lo puede editar o si se crea una copia para cada alumno.

En la columna de la derecha, en la misma página de creación de la tarea, puedes seleccionar en la flecha junto a "Crear tarea" si quieres crear la tarea, programarla o guardarla como borrador. Más abajo están las opciones para asignarle los puntos que vale esa tarea, la fecha de entrega, el tema y, si quieres, puedes adjuntar una guía de evaluación.

· · ·

Una vez que hayas creado la tarea y subidos archivos, puedes explorar la carpeta de Google Drive. Conforme los estudiantes vayan entregando sus tareas, si es que tienen que adjuntar algún documento o imagen, se irán guardando en la carpeta de Drive. Aquí podrás acceder a todos esos archivos cada vez que quieras.

La razón del porqué es bueno usar Google Classroom es que puedes comenzar tan pronto como hayas configurado tu "salón de clases". En cuestión de minutos puedes tener lista tu cuenta de Google y tu clase. Google Classroom tiene muchos beneficios que ahora te explicaré.

Puedes dar anuncios sobre la clase para que tus estudiantes se enteren de algo y también pueden incluir material. Los anuncios aparecerán en el tablón de tus estudiantes y así pueden encontrar las cosas fácilmente.

Puedes adjuntar materiales desde Google Drive, conectar las clases de tu Google Classroom, adjuntar archivos, imágenes, videos de YouTube o cualquier otra cosa que sea útil para la clase. Es muy sencillo.

Puedes añadir tareas a tu clase con una forma igual de sencilla. Te permite añadir archivos adicionales y, por supuesto, agregarle un puntaje y una fecha de entrega.

· · ·

Cuando has creado una tarea, les llega una alerta a los estudiantes en forma de notificación, correo electrónico y se agrega a su calendario de Google.

Para calificar una tarea, puedes revisar y calificar lo que ha entregado cada estudiante. Hay algo de espacio para agregar comentarios como maestro. Luego regresa la tarea a tus estudiantes. La pestaña de "Calificaciones" mantendrá un registro de las calificaciones por cada tarea entregada de cada estudiante.

Igualmente, puedes administrar el grado de participación de tus estudiantes. Si lo deseas, puedes restringir su participación al evitar que contesten o que hagan comentarios a tus publicaciones y tareas. Puedes elegir si pueden comentar y publicar, sólo comentar, o que sólo el maestro pueda comentar y publicar. A los estudiantes les puedes mandar correos electrónicos de forma individual.

6

Las herramientas necesarias

Herramientas estándares usadas para hacer videoconferencias en una clase a distancia

Esta lista se compone solamente de las funciones más usadas en la clase a distancia que están disponibles en la mayoría de las plataformas de videoconferencias. Considera que pueden aparecer nuevas funciones en el futuro y que podrían ser útiles para tu clase. Conoce bien la plataforma que utilizas.

Tal vez encuentres funciones que no son mencionadas en este libro y que pueden cumplir alguna necesidad específica que tengas o que te e ideas nuevas para interactuar con tus estudiantes.

Compartir pantalla

. . .

Compartes parte de tu pantalla o toda la pantalla de tu computadora con la clase. Puedes utilizar esta función para exponerle a tus estudiantes una presentación de PowerPoint, o videos, imágenes, audios y más. También puedes permitir que los estudiantes compartan sus propias presentaciones con la clase. Asegúrate de que la interacción en la clase en vivo es un elemento integral de una actividad que incluye reproducir videos y audios o mostrar presentaciones. Puede ser que sea más apropiado que los estudiantes vean estas cosas fuera de clase, durante su propio sistema de gestión de aprendizaje.

Grabar

Puedes elegir grabar y crear un archivo de video de tu clase ya sea en tu computadora o en la nube. La grabación puede incluir una transcripción del audio y el registro del chat. Las grabaciones permiten que cualquier estudiante que esté ausente de la sesión de clase pueda ver la discusión de ese día. Los estudiantes que estaban en la clase pueden realizar la grabación para cualquier cosa que haya faltado.

Salas de descanso

Puedes dividir la clase en pequeños grupos para que los estudiantes hablen entre ellos.

. . .

Los miembros de cada grupo solamente pueden ver y escuchar a la otra persona durante ese tiempo, pero pueden llamarte y tú puedes entrar a su conversación conforme sea necesario. Al final del tiempo de grupos pequeños, todos los participantes regresan al grupo grande.

Chat

Los participantes pueden mandar mensajes de texto y enlaces a otros individuos de la conferencia o para todo el grupo sin tener que interrumpir la clase. Quienes residen los textos pueden leer y responder al mensaje en cuando ellos quieran. Algunos chats también permiten adjuntar archivos en el mensaje.

Encuestas

Los participantes contestan de forma anónima las preguntas hechas por ti o por otro participante en la reunión. Los resultados se tabulan rápidamente. Las encuestas pueden ser utilizadas para revisar y las opiniones de los estudiantes o para realizar preguntas rápidas a toda la clase sin que nadie se sienta estresado de tener la respuesta incorrecta.

Actividades de videoconferencias para clases a distancia

· · ·

Reserva las sesiones de clase con vídeo para aquellas actividades en las que las interacciones cara a cara son más valiosas.

Grandes grupos

Interactuar con todo el grupo a la vez sin duda es la mejor forma de proporcionar la información a los alumnos, o que todos escuchen las respuestas de los estudiantes. Pero no es la forma más efectiva para muchos tipos de enseñanza y aprendizaje. Piensa si el formato de un gran grupo es la manera más efectiva para una actividad de aprendizaje, así como la cantidad de tiempo de clase que consumes al hacerlo. Considera la limitada energía mental que tienen los estudiantes para mantener la atención en el modo de comunicación unidireccional de un video.

Preguntar por ellos

Un componente esencial que suele ser subestimado es crear una comunidad entre los estudiantes en esos momentos informales antes de la clase, durante los descansos y después de las clases, en los cuales los estudiantes y los maestros pueden compartir su vida personal. Unas preguntas al inicio de cada clase es una excelente manera de hacer que todos establezcan una conexión íntima con los demás, lo que promueve un entorno de confianza para el aprendizaje.

Haz preguntas específicas a los estudiantes sobre su experiencia personal respecto a las clases de la semana. Si les pareció fácil, difícil, interesante, confuso, inspirador o frustrante. Establece un tiempo límite para que cada estudiante hable, así todos tienen la oportunidad de hablar. La ansiedad de los estudiantes puede reducirse considerablemente cuando escucha que otros se sienten de la misma forma.

La actividad es una buena manera para que los estudiantes conecten y es una buena oportunidad para que tu revises el humor general respecto al curso. Este es un buen momento para que escuches, reconozcas y aceptes lo que están sintiendo respecto a sus clases. Haz preguntas para aclarar cosas si es necesario, pero evita juzgar o explicar cosas sobre sus respuestas. Puedes continuar en otro momento con cualquier estudiante de forma individual si hay algo que te preocupa en específico.

Si un estudiante necesita más tiempo para compartir del que se le ha dado en la clase o está teniendo problemas con un problema personal relacionado con la clase, le puedes pedir que se quede en línea al terminar la clase o determinar una hora (dentro de tu horario de trabajo) para seguir escuchándolo.

Preguntas y respuestas

· · ·

Además de un foro de preguntas y respuestas, del que hablaremos después, tal vez quieras permitir algo de tiempo de clase para que los estudiantes hagan preguntas adicionales sobre la clase o su contenido. La espontaneidad de la clase en vivo puede llevar a más preguntas de las que podrás responder para todos en la clase. Para ahorrar algo de tiempo de clase, las preguntas que requieren respuestas más elaboradas y no son urgentes, pueden ser contestadas en una publicación después de la clase.

Lecturas

Si tienes un estilo de lectura interactivo, la clase en video es un lugar apropiado para tener ese tipo de lecturas. Por ejemplo, tal vez quieras provocar respuestas de los estudiantes durante tu discurso para lograr guiarlos, examinar su comprensión en tiempo real y ajustar tu discurso a sus necesidades. No obstante, recuerda que cualquier charla que se basa en la comunicación unidireccional debe ser grabada como una actividad no sincronizada con otras para lograr mantener el tiempo y la energía limitados para la clase.

Discusiones

Las discusiones en los grupos grandes son la manera más eficiente para que todos puedan decir su opinión.

. . .

Tu mencionas una pregunta o un tema y cada estudiante tiene la oportunidad de contestar. El reto de este formato es que favorece a aquellos que son rápidos para contestar y es una desventaja para aquellos que necesitan tiempo para pensar su respuesta. Por eso debes supervisar la clase con cuidado para asegurarte de que todos tienen la oportunidad de contribuir. También es esencial mantener la conversación en torno al tema. Los temas relacionados que surgen durante la discusión y que son interesantes, pueden ser continuados en un foro después de las clases.

Práctica en grupos y retroalimentación

Si estás enseñando una tarea muy compleja en la que los estudiantes se van a beneficiar de tus instrucciones directas, considera proporcionar práctica de grupo durante la clase en la que tú vayas guiando a los estudiantes a lo largo del procedimiento. Puedes hacer que practiquen cada paso y luego proporcionar retroalimentación. Si no hay mucho tiempo y hay una gran probabilidad de que el estudiante fracase, no necesitas que cada estudiante presente su resultado. Solo dales la respuesta correcta para que puedan compararlo con sus propios resultados.

Hacerles una encuesta a tus estudiantes es una manera rápida para hacer que practiquen su comprensión del contenido de la clase en una forma anónima.

· · ·

Puedes usar los resultados para proporcionar retroalimentación basándote en qué tan bien contestaron los estudiantes como grupo.

Tú no eres el único que debe dar retroalimentación en la clase. Si tus estudiantes tienen claro lo que se espera de ellos en la práctica, también ellos se pueden proporcionar retroalimentación unos a otros. Los estudiantes que tienen el conocimiento y que presentan su evaluación al trabajo de los demás, básicamente están obteniendo práctica adicional en la comprensión de las cualidades de un resultado exitoso.

Asegúrate de crear una retroalimentación apropiada al proporcionar la tuya a inicios del periodo escolar, luego anima a que los estudiantes proporcionen la suya.

Grupos pequeños

Durante cada sesión de videoconferencia, proporciona una o más actividades en la que los estudiantes se dividan en equipos para completar la actividad. Con menos participantes en el pequeño grupo, cada miembro tiene una participación más importante en la actividad, lo que lleva a un mayor compromiso y a un pensamiento más profundo.

. . .

Entonces, cada grupo puede reportar con el grupo grande sus resultados de su trabajo y que los miembros de los otros grupos ofrezcan retroalimentación y hagan preguntas.

Asegúrate de comunicarle a tus estudiantes las mejores prácticas para trabajar de forma efectiva en grupos pequeños, incluyendo escuchar atentamente.

Práctica colaborativa

La práctica en grupos pequeños es una conexión excelente entre llevar actividades de práctica guiada con grupos más grandes y mandar a los estudiantes a practicar por su cuenta. Los grupos pequeños se pueden ayudar entre ellos de forma exitosa para completar la práctica sin tener el riesgo de que una sola persona tenga toda la presión.

Después de la actividad en grupos pequeños, cada grupo comparte su resultado con los demás, y así el maestro puede proporcionar retroalimentación a todos.

Análisis y resolución de problemas

Los grupos pequeños son perfectos para analizar información y resolver problemas.

Cuando se trata de ver las cosas desde diferentes puntos de vista para encontrar patrones o intentar una solución, es mejor tener más cabezas en el equipo.

Al ser diferentes los estudiantes, tendrán muchas maneras de pensar. Al dejar que vean cómo es el proceso de pensamiento de los demás en acción, ayuda a su propia habilidad para ver información o problemas desde varias perspectivas.

Dudas con las tareas

Para tareas que duran varias semanas, puedes pedir que los miembros de los grupos pequeños compartan sus progresos.

Los otros estudiantes pueden proporcionar una crítica constructiva, ideas y ánimos. Los avances de cada estudiante se pueden compartir y revisar antes de la clase o pueden compartir su trabajo durante la pequeña sesión de trabajo entre los grupos pequeños. Este tipo de actividad beneficia al que recibe la retroalimentación y también ayuda al que revisa, ya que el trabajo de los demás le permite ver su propio trabajo con una nueva perspectiva, lo que puede resultar en un producto final de mejor calidad. La actividad también propicia el apoyo mutuo que lleva a una mejor confianza. Si eliges esta actividad, asegúrate de que tus expectativas para la tarea sean claras para todos los estudiantes.

Considera asignar parejas

Si de verdad quieres que los estudiantes se relacionen entre ellos, considera agruparlos por parejas. Cada miembro de la pareja puede tener un tiempo determinado para compartir, una cantidad de tiempo para escuchar con atención y una cantidad de tiempo para contestarle al otro.

Individual

Si la sesión de tu clase dura más de una hora, considera apartar uno o más bloques de tiempo como receso para los estudiantes. Mantener la atención en una sesión de Zoom puede ser mentalmente cansado y tú también te beneficiarías de un poco de tiempo de descanso para relajarte.

Asígnales a tus estudiantes una actividad que les permitan crear una respuesta por sí mismos para que luego la consulten con el grupo cuando el tiempo individual haya terminado. Haz que realicen una práctica individual basándose en lo que ya has expuesto en la clase hasta el momento.

Haz que revisen una parte de sus lecturas o apuntes como preparación para la actividad de la siguiente clase. Dales un cuestionario o un problema para que lo piensen y presenten su respuesta al grupo.

Un descanso también sirve como tiempo efectivo fuera de línea. Fomenta que los estudiantes se alejen de la computadora durante los descansos para estirar, caminar un poco, meditar, mirar por la ventana o disfrutar de una taza de té.

7

Dos de las mejores plataformas y softwares para el aprendizaje a distancia

ADEMÁS DE GOOGLE CLASSROOM existe otra plataforma para maestros y estudiantes. Esta es Apple Classroom. En este capítulo, sugerimos investigar las diferencias entre ambas plataformas. Si no has elegido qué plataforma utilizar, este capítulo puede ayudarte.

Apple Classroom tiene más clases interactivas

Si tú eres uno de esos maestros que quiere tener clases más divertidas, entonces te puedo decir que aquí es donde funciona mejor Apple Classroom. Por ejemplo, si estás dando clase a una audiencia muy joven, tal vez sea mejor tener una clase con Apple, ya que, a decir verdad, no es realista mandar documentos y anuncios a los alumnos de primer año de primaria por Google Classroom.

. . .

Van a obtener mejores beneficios de una clase con Apple, ya que la aplicación permite que los maestros enseñen, al mismo tiempo que los estudiantes se concentran en lo que enseña el maestro. Esta aplicación también se concentra en la interacción con el estudiante y muestra la tarea en la que debe trabajar, dándole al maestro la oportunidad de revisar cada trabajo que cada estudiante está realizando, así como las opciones que se han usado recientemente. Incluso tiene el tipo de pantalla que muestra el iPad y es una excelente manera para concentrarse en los estudiantes en la clase.

Así que, si eres un maestro que está más orientado a la enseñanza interactiva, por ejemplo, tú quieres que los estudiantes no hagan bromas en clase, entonces Apple Classroom puede ser tu mejor opción. Si eres un maestro que está más interesado en hacer ensayos, tareas y otros elementos que se puedan organizar fácilmente en un solo lugar, entonces puede ser que Google Classroom sea más tu estilo.

Claro, la gran desventaja es que Apple Classroom no funciona en Android.

Google Classroom te deja usar múltiples dispositivos

La belleza del Google Classroom es que no es exclusivo para su marca.

Puedes utilizar Google en tu computadora e instalarlo de forma muy sencilla. Al realizar esto, tienes más oportunidades de utilizar sus opciones. También puedes descargar Google Classroom como una aplicación en tu dispositivo móvil, por lo que significa que, si tienes un teléfono, tableta o algo más, puedes utilizarlo como desees. Esto es lo más placentero de la aplicación, porque los estudiantes pueden comenzar inmediatamente a realizar sus tareas y luego mandarlas inmediatamente al maestro. También permite a los estudiantes trabajar en diferentes temas mientras están fuera de casa y pueden compartir varias preguntas y recursos con el maestro. Es mucho más interactivo el ideal para las actividades de clase con múltiples dispositivos inteligentes.

El problema con Apple es que se trata de una marca que pretende exclusividad. De hecho, sólo puedes trabajar con la marca Apple, lo que significa que estás limitado. Después de todo, no todos pueden tener una Mac o un iPad, así que no eres tan útil como el Google Classroom.

Diferencia de hardware

La diferencia más significativa que encontrarás son los elementos del hardware.

. . .

Las clases en Apple son gratis para el iPad y básicamente se utilizan varios iPads y los maestros instalan la aplicación y se la prestan a los estudiantes para permitir que los utilizan como una herramienta de integración. Un maestro iPad básicamente es una combinación de estas habilidades para permitir el aprendizaje. De hecho, es similar al Google Classroom y, después de su configuración, se conecta con el dispositivo y se comparte el iPad. Después de haber completado cada clase, puedes cerrar sesión en el sistema. Esta es una manera de hacer que los estudiantes se concentren, mostrarles diferentes pantallas y compartiendo documentos con la clase utilizando AirDrop. También les enseña a los estudiantes a trabajar en la Apple TV, restablecer las contraseñas de los estudiantes y también puede crear grupos de estudiantes basándose en las aplicaciones que utilizan, permitiendo a los maestros crear grupos y equipos. En esencia, esta es una manera de mantener a Apple en el salón de clase y, gracias al uso del iPad, se vuelve una colaboración más directa en una atmósfera de aprendizaje directo.

Bueno para las malas reseñas

Ahora te darás cuenta que la única similitud es que ambas tienen la palabra Classroom. Esto significa que Apple Classroom es más una herramienta para el aprendizaje directo y ayuda a los maestros a enseñar a los estudiantes.

. . .

Los maestros de secundaria se benefician de esta aplicación porque controlan la actividad, pero el hecho es que los estudiantes pueden descubrir si el maestro te está observando constantemente. Es más bien un dispositivo directo para el aprendizaje en el salón de clase, mientras que el Google Classroom está más orientado a la clase y más allá.

Google Classroom se concentra en la organización

Una gran parte del Google Classroom es el elemento de la organización. Todo esto funciona con Google Drive, lo que significa básicamente que la comunicación y el aprendizaje educativo se basa en la organización, de forma más directa en el salón de clase. Google Classroom permite a los maestros asignar tareas fácilmente y a los estudiantes organizarse mejor con sus tareas y recibir notificaciones de forma más rápida. También permite que el estudiante no utilice papel, lo cual es un gran punto adicional. Google Classroom se concentra en mostrar el trabajo que necesita realizarse, las calificaciones que tienen y las tareas que no se han realizado. Es más una herramienta para organizar mejor la comunidad de estudiantes.

No necesitas elegir

La realidad es que existen algunas diferencias claves y puedes elegir de acuerdo con tus necesidades, ya que la audiencia de Apple está más orientada al ambiente de la clase y Google Classroom es más para el flujo de trabajo y las tareas. Las dos son herramientas diferentes, pero la comparación es como peras y manzanas, lo que es ligeramente diferente de tu comparación usual entre dispositivos porque en el campo de la tecnología suelen estar en competencia. La realidad es que no necesitas elegir entre estas dos opciones porque algunos maestros se benefician de ambas.

Si realmente quieres hacer que tu clase sea la mejor, a veces la mejor solución puede ser añadir ambos servicios porque son realmente buenos en lo que hacen y se complementan muy bien.

La respuesta es que deberías saber elegir uno o el otro. Si quieres ambos, utiliza ambos. Si el área de tu clase puede lidiar con ambos, utilicen ambos. Pero si eres un maestro con un grupo de estudiantes jóvenes, funciona mejor Apple Classroom. Si eres maestro de alumnos más grandes, funciona mejor Google Classroom.

Apple Classroom y Google Classroom son dos tipos completamente diferentes de software, a pesar de que su objetivo es el mismo: ayudar a maestros y a estudiantes con su proceso educativo. De hecho, estos dos softwares son tan diferentes que pueden utilizarse de forma paralela.

8

Técnicas y consejos para motivar a los estudiantes a seguir las clases

Los MAESTROS primerizos o demasiado ocupados concentran la clase demasiado en torno a los temas. Hay unas pequeñas cosas pueden disminuir poco a poco el aprendizaje y el entusiasmo del estudiante si se pasan por alto.

Cuando se trata de mejorar algo en la clase, sin considerar los temas en sí mismos, nos referimos a cinco cosas:

1. Crear una condición de aprendizaje segura y saludable
2. Hacer que los estudiantes pongan atención
3. Evaluar a los estudiantes y a ti mismo de forma consistente
4. Comunicar deseos y aportes
5. Incrementar la cooperación del estudiante

Problema #1 Cómo crear un entorno de aprendizaje seguro y alentador

Si en algún punto te has hecho la pregunta de cómo hacer que los estudiantes participen más, no puedes pasar por alto este problema. Ningún sistema o consejo va a compensar un entorno en el que los estudiantes se sientan humillados, ignorados o rechazados por medio de gritos. Esto está relacionado con la creación de confianza entre maestro y alumno. Nosotros recordamos cómo nos hacían sentir nuestros maestros preferidos, sin importar si podemos recordar o no el contenido de su materia.

Según una encuesta en la Universidad de Maryland, lo que más preocupaba a los maestros en el primer día de clases eran tres cosas:

- Si los estudiantes se sentirían incluidos
- Si a los estudiantes les agradaría el maestro a
- Si los estudiantes se llevarían bien como grupo

Cuando se hizo una encuesta similar a los estudiantes, se ofrecieron respuestas similares:

- Si el estudiante tendría la opción de terminar su trabajo
- Si les agradaría el maestro
- Si se llevarían bien con sus compañeros

Fue una gran sorpresa para los maestros descubrir que se equivocaron cuando creían que los estudiantes estaban más preocupados por obtener una nota aprobatoria, independientemente de si el trabajo era demasiado duro o si les agradaría la clase.

La realidad es bastante simple: tanto los estudiantes como los maestros quieren poder relacionarse y llevarse bien.

Sin embargo, los maestros invierten poca energía a la hora de preparar la clase, ya que suelen dejarse llevar por la preparación de todo el trabajo. Desafortunadamente, los estudiantes se hacen una idea del tipo de clase a la que se han inscrito y del tipo de maestro que eres durante la apenas las primeras clases. Eso los hace dudar. Les hace preguntarse qué pasará cuando hablen, si algún maestro o compañero los va a humillar, si alguien va a rechazar lo que necesita decir, si lo van a despreciar por dar una respuesta. Todas esas cosas preocupan a los estudiantes.

Por esa razón, los maestros deberían dedicarle tiempo a crear una relación en la clase, conociendo a los alumnos, haciendo ejercicios y juegos, reunirse en en interacciones sociales y cosas por el estilo.

Los maestros tienen que comprender que el éxito viene después de que el estudiante se siente seguro con sus compañeros y maestro.

Los analistas de Google llegaron a una respuesta similar cuando investigaron porque ciertos grupos en su compañía tenían mayores mejoras que otros. Los mejores tenían una mayor afección social normalizada, la capacidad de sentir cómo se sentían otros dependiendo del tono de su voz, su apariencia y otras señales no verbales.

Cuando los individuos se sienten seguros como para expresar sus pensamientos y opiniones, todos contribuyen, no sólo un par de personas, y el conocimiento generalizado del grupo mejora. Lo mismo se aplica en las condiciones de un salón de clases.

Los maestros escolares deben ser agradables y comprensivos. Te pueden hacer sentir como que puedes lograr tu objetivo o, si no son receptivos, se puede sentir como una traición y los estudiantes ya no querrán hacer preguntas. Las ideas que tienen los estudiantes de un maestro que lograr influenciarlos giran en torno a que el maestro los considere como cómplices del aprendizaje y no como beneficiarios del conocimiento.

. . .

Piensa la atmósfera de tu salón de clase como algo continuo, como veremos un poco después. La forma en la que hablas y en la que te comportas manda un mensaje de superioridad o de colaboración con los estudiantes. Ellos ven los mensajes superiores del maestro como algo que deben evitar o los desanima respecto a ellos mismos o respecto a su opinión sobre el tema. Colaborar en el aprendizaje en hidalgo beneficioso. La expresión de los comentarios es inmediata y deliberada, aunque los comentarios implícitos aluden a aquellos que fueron indirectos o inesperados.

Por ejemplo, los estudiantes que sin duda se sintieron rebajados por el maestro, pueden escuchar comentarios supremacistas, chovinistas u homofóbicos por parte del maestro.

Las estudiantes femeninas pueden sentir menosprecio (inesperado o certero) cuando el maestro se abstiene de dirigirse o de dejar participar a las mujeres durante la clase. Debes incorporar expresamente mensajes que demuestren que te entusiasman o fomentas los distintos puntos de vista. Por último, cuando un maestro reacciona bien a los puntos de vista de los estudiantes, ellos exhiben una mayor atención en la clase.

Unas condiciones saludables y seguras atraen a los estudiantes. Les llama la atención, se sienten entusiasmados y listos para interesarse.

. . .

Los estudiantes genuinamente van a contribuir a las conversaciones, lo cual mejora el aprendizaje general de la clase.

Una señal bastante importante de que has creado una condición estable es cuando los estudiantes tranquilos suelen hacer comentarios repentinamente. Eso no va a ocurrir si los maestros pasan por alto el manejo de la clase o desarrollan un entorno dominante.

Cuando las condiciones adecuadas persuaden al estudiante de que el material del curso es funcional, el maestro se siente entusiasmado y los estudiantes, por su parte, tienen la sensación de seguridad.

Los maestros deberían desarrollar unas condiciones seguras y saludables en todos los aspectos por su parte, desde su posición y puntos de vista hasta su método de enseñanza.

Esa consistencia general debe expresarse en su publicidad, en su mensaje escrito y en los medios computarizados en las que se transmite el mensaje.

Ahora vamos hablar de unas cuantas formas de ayudar. Debes crear una buena primera impresión y la cultura adecuada desde el primer día.

· · ·

Una forma de lograrlo es conociendo a tus estudiantes, un método que mejorar las relaciones maestro-estudiante, la inspiración e incluso los logros. Estas son unas cuantas maneras de lograrlo:

1. Conocer los nombres de los estudiantes. No importa si tienes una clase muy grande, llamar a cada uno por su nombre en ciertas ocasiones creará una cultura adecuada.

Los estudiantes son personas que importan, a diferencia de los números.

Un consejo adicional es que algunos programas escolares en línea muestran la fotografía del estudiante cerca de sus nombres. Si se te hace más fácil puedes imprimirlo y estudiar ese documento para usarlo como referencia. Si no lo has revisado y no conoces sus caras, puedes hablar con los directores de la escuela.

La manera más sencilla de no equivocarse con su nombre es pedirle a cada estudiante que ponga un papel doblado frente a ellos en el cual se vea su nombre claramente. Esto es en el caso de que la plataforma que utilices no muestre el nombre de los participantes debajo de su imagen.

. . .

2. Jugar juegos para romper el hielo. Un juego bastante utilizado para esto es el juego de los nombres. Puede sonar algo anticuado, pero es efectivo e incluso a nivel universitario. El juego consiste en que los estudiantes, uno por uno y en orden, dicen su nombre seguido de algo que los caracterice que comienza con la misma letra con la que comienza su nombre. Por ejemplo, "mi nombre es Miguel y me gusta la música".

Un buen consejo es permitir que los estudiantes lo piensen un par de minutos antes de comenzar el juego. Después del primer participante, el segundo tiene que repetir lo que dijo el primero y añadir su parte, de esta manera: "él es Miguel y le gusta la música. Yo soy Aurora y nací en Alemania".

El chiste es recordar los nombres y descripciones de todos los estudiantes anteriores. Como maestro, es buena idea ofrecerte como voluntario para ser el último y luego pedirle a uno de los primeros estudiantes (al azar) que repita todo. Eso va a favorecer la idea de que deben seguir prestando atención.

Cuando los estudiantes olvidan el nombre de uno de sus compañeros, por lo regular pueden recordar su descripción, y eso ayuda a recordar su nombre. Te sorprenderá lo rápido que los estudiantes comenzarán a llamarse por su nombre durante las conversaciones.

· · ·

Otro juego para romper el hielo es el de las cosas similares.

Básicamente se trata de hacer que los estudiantes muestren algo que tienen en común. Por ejemplo, puedes decir que hacen la mano todos los que tienen lentes. Esto ayuda a que los estudiantes se den cuenta rápidamente de las cosas que tienen en común con sus compañeros. Para las clases en línea tendrás que conformarte con lo que ves en sus pantallas.

Inspiración

En realidad, la inspiración es uno de los fundamentos de un salón de clase exitoso. Como maestro, nunca vas a lograr tu objetivo si no conmueves a tus estudiantes.

La inspiración realmente no es una idea muy complicada y no debería ser ningún problema estimular un poco a tus estudiantes. Vivimos nuestras vidas con satisfacción y alegría, con tristezas y preocupaciones, ya que estamos motivados a seguir esforzándonos. Tienes que creerlo, cuando nos sentimos desanimados y derrotados constante-mente en nuestras vidas, nos mantenemos lejos de nuestras expectativas y metas, pero cuando el instinto humano se siente con poder, volvemos a reconsiderar el esfuerzo.

· · ·

De forma similar, las tristezas y las felicidades tienen una gran influencia en el estudiante. Por esa razón, los estudiantes necesitan ser motivados.

Un maestro no puede ser un instructor decente, excepto si se da cuenta de cómo motivar a su estudiante. Un maestro excepcional es un individuo que sabe las situaciones y las estrategias para hacer que funcione una clase en la que el estudiante pueda participar con entusiasmo. Como regla general, sin inspirar a tus estudiantes, no tendrás la opción de satisfacer tu única labor.

Animar a los estudiantes en la clase. Probablemente, los mejores pensamientos para dar fuerzas a los estudiantes en la escuela no se suelen comentar. Estos consejos para persuadir a tus estudiantes te pueden ayudar a hacer que tu clase sea cada vez más beneficiosa e innovativa.

Garantiza un salón de clase libre de ansiedad

El miedo y la ansiedad también afectan los resultados de aprendizaje. Por eso, nunca debes inducir el miedo al utilizar castigos disciplinarios en tu clase. Es común que algunos de los maestros asignen tareas adicionales como castigo debido a que el control físico ya no sucede en la actualidad, como sucedía en tiempos anteriores.

· · ·

De forma similar, los comentarios negativos suelen crear miedo entre los estudiantes de la clase. El miedo en el salón de clase, independientemente de si es por venganza o para enfatizar alguna cosa, nunca será una motivación. Considerando todo eso, el miedo es un obstáculo para interesarse de forma efectiva en el proceso de aprendizaje. Por eso, cada maestro debería mantener el miedo fuera de la clase para animar a sus estudiantes, nunca debería proporcionar expresiones negativas ni tareas adicionales problemáticas como castigos.

Explica el objetivo

Cada estudiante disfruta de unos lineamientos claros. Explica cada objetivo y lo que se pretende conseguir en cada objetivo desde el inicio del periodo escolar. Recuerda mencionar durante la reunión los problemas que pueden encontrar a lo largo del curso. Examina soluciones potenciales sobre las dificultades que puedan encontrar. En consecuencia, ellos estarán dispuestos a solucionar más problemas, lo que hará que el tema sea cada vez más tratable. De acuerdo con esto, descubrirás que tu salón de clase se vuelve más fructífero debido a que tus estudiantes se sienten animados.

Recuerda que, como maestro, estás educando al futuro del país, un mundo nuevo que se extiende más allá de tus enseñanzas.

Sé bueno escuchando

Escucha con atención lo que el estudiante necesita decir.

Tienes que valorar sus sentimientos y conclusiones.

Encuentra una manera de tratar los problemas de los que te están hablando. Tienes que ser una buena audiencia.

Comenzarán a adorarte cuando los escuches con verdadera consideración. Y así es como te ganarás su confianza. Si resulta que es difícil motivarlos, si necesitas que los estudiantes te escuchen, primero necesitas escucharlos a ellos.

Comparte su experiencia

No todos los estudiantes pueden involucrarse solamente con las clases. Algunos de ellos se van a involucrar al comprender los libros. Sin embargo, así como algunos estudiantes revisarán sus ejercicios con relativa experiencia, otros pueden estar motivados a involucrarse de forma efectiva. Establece el ejercicio de tal manera que los diferentes tipos de estudiantes puedan conectar bien durante el momento en el que compartan sus ejercicios.

· · ·

En esta circunstancia, los diferentes estudiantes suelen estar motivados a compartir sus propias experiencias. En consecuencia, puedes garantizar que el salón de clase sea efectivo.

Competencias positivas

Una rivalidad amistosa es un sistema valioso dentro del entorno educativo. Garantizar algo de competencia que es productivo. Una buena competencia en un trabajo motiva bastante a los estudiantes. Ya que estamos motivados a terminar el trabajo, eso también se vuelve una gran ventaja para su experiencia. No hay duda de que una sana rivalidad puede encender la chispa de la motivación en los estudiantes de tu clase.

Conoce bien a tu estudiante

Tienes que llegar a conocer bien a tus estudiantes. También debes conocer sus gustos, sus aversiones, su disponibilidad y su falta de voluntad. Cuando llegue el momento en el que tus estudiantes comprendan que los conoces bien, ellos comenzarán a apreciarte y a hablar de sus problemas. Esto te debería hacer más sencilla la tarea de motivar a los estudiantes de la manera correcta.

Demuestra tu entusiasmo

Comparte tu entusiasmo con la clase durante una charla mientras cumples con tus obligaciones. Demuestra tu satisfacción con los extraordinarios avances que han hecho. Una vez más, puede ser muy valioso que cada estudiante comparta lo que piensa. Tu comportamiento entusiasta los va a animar.

Mantén un registro

Debes crear un registro para ti mismo. Anota los logros de cada uno de tus estudiantes. Cuando te des cuenta de que un estudiante en particular está cambiando, habla con él o ella sobre ese cambio. Muéstrale tu registro. La recompensa y refuerza al estudiante antes de las clases. Incluso puedes hablar de estos problemas con tus compañeros. Cuando el estudiante se da cuenta de que estás al pendiente de él o ella al mostrarle tu registro, se sentirá un poco más animado.

Retroalimentación valiosa

Si un estudiante no está avanzando de forma óptima, integra algo de aportes positivos. Cuando sea un momento importante, ofrece otra oportunidad. Si un compañero intenta comprender las razones de sus calificaciones o conductas.

· · ·

Motiva a al estudiante a mejorar rápidamente la próxima vez, ya que tal vez antes no sabía cómo hacer las cosas bien respecto al tema con suficiente información y el procedimiento adecuado.

Tus inspecciones pueden cambiar muchas vidas. Considera la mejor posibilidad para todos los estudiantes y podrás ver muchas buenas características de ellos. Dales consejos sobre las buenas condiciones que tienen. Como regla general, tienes que apreciar a tus estudiantes, lo que, en consecuencia, hará que se entusiasmen.

Situación de la vida real en la clase

Relaciona tu plan de ejercicios con una situación real. Haz que el ejercicio sea divertido con un buen juego. Cuéntales una historia impresionante con una gran cantidad de detalles interesantes. Al leer atentamente con estas condiciones hace factible que el estudiante reaccione con su propio entendimiento. Deja que igualmente apliquen el ejercicio con su propio entendimiento. Sólo tienes que registrarlo de forma precisa. De hecho, cuando estés llevando a cabo la lectura atenta los estudiantes se sentirán motivados a aprender y a asistir a tu clase.

Balance total

. . .

Es deber del maestro garantizar que la clase sea dinámica.

Los maestros no deberían decidir que simplemente pueden entrar y salir del salón de clase con grandes historias y sin haber dado una clase efectiva. Al haber animado a tus estudiantes, tú puedes hacer que la clase sea mejor de lo que habías anticipado. Tomando todo eso en consideración, tú, como maestro, estás preparando a la siguiente generación que tomará las riendas del mundo.

Comunícate con los padres y tutores

Utiliza un medio de comunicación para mantener a los padres y tutores informados y en contacto contigo. Deberías aceptar e invitar a que los padres estén al pendiente de los exámenes o de los resultados semana a semana de sus hijos por medio de correos electrónicos. Los mensajes pueden contener los pendientes o el trabajo incompleto del estudiante, al igual que las actualizaciones y las preguntas que publicar en la plataforma de la clase, los cuales también pueden revisar los padres.

Asignar tareas a un grupo de estudiantes

Los maestros pueden asignar tareas de forma individual o a un grupo de estudiantes durante la clase.

Esta utilidad permite a los maestros reconocer cuando se necesita algo de guía, así como para avanzar con el trabajo en equipo orientado a la comunidad.

Utilizar las notas de la aplicación Mobile Classroom

Los estudiantes y los maestros pueden utilizar Mobile Classroom en Android, iOS y celulares de Chrome. Tú puedes contribuir al explicar constantemente al estudiante en la aplicación cuál es su trabajo. Los estudiantes también pueden registrar sus tareas y anotar comentarios sin ningún problema.

Explora la compatibilidad de Google Classroom con otros recursos

Google Classroom utiliza un programa para conectarse y compartir información con todo tipo de dispositivos.

9

Motivar a estudiantes difíciles

CADA MAESTRO en línea se encontrará con un estudiante difícil de vez en cuando. Es parte del trabajo. Aun así, una experiencia indeseable con un estudiante puede ser una sorpresa y puede ser molesto.

Suele pasar cuando estás trabajando en tus mensajes, respondiéndole a los estudiantes que están avanzando y que valoran tus enseñanzas. Entonces, abres un correo electrónico que es sorprendentemente grosero. Es increíble lo rápido que ese único mensaje acaba con todas las conversaciones positivas que acabas de tener. Se parece a una nube gris cubriendo el sol.

Además, hace más cosas que arruinar tu buen humor.

.   .   .

Un correo electrónico de parte de un estudiante difícil suele tomar una enorme cantidad de tiempo y esfuerzo para tratarlo, incluso puede hacerte cuestionar sutilmente tus capacidades. El daño debe ser contenido antes de que llegue a influenciar tu perspectiva o tu eficiencia. Debes manejar estos mensajes rápidamente y con profesionalismo.

En teoría

Una considerable cantidad de problemas que enfrentarás con estudiantes difíciles en línea no son completamente diferentes de aquellos de un salón de clase físico. Sin embargo, la separación social de los estudiantes al no conocerte físicamente puede llevar a un aumento de los problemas. Entonces, una gran cantidad de las dificultades no llegan de una sola vez y esto te da la oportunidad de echar un vistazo crítico al problema, encontrar una respuesta apropiada al problema y obtener ayuda para resolver la situación si es necesario.

Antes de que hablemos sobre lidiar con los estudiantes difíciles, aquí hay unas cuantas cosas que puedes hacer para reducir las prácticas difíciles antes de que surjan:

- Si claro y detallado en tu plan de estudios que les entrega a los estudiantes. Asegúrate de que tus expectativas y las cosas que conllevan consecuencias serias son obvias para todos los estudiantes que comienzan el curso

- Crea rúbricas de revisión claras y concisas que establecen lo que se espera de cada tarea, así como la forma en la que se determinará la calificación final

- Deja claro cuál es la conducta deseada en tu introducción a la materia y en tu retroalimentación

- Considera dar la bienvenida a algún compañero entrenador o maestro en la clase en línea para enseñar reacciones apropiadas y para el manejar en secreto las preguntas de los estudiantes, para así manejar las reacciones

Modelos

Ya que hemos establecido que te encontrarás a un estudiante difícil en tus clases en línea, aquí hay algunos modelos que son exitosos cuando se trata de lidiar con estudiantes difíciles, ya sea en tu clase en línea o en la comunicación regular por correo electrónico.

- Que nunca te vean tener problemas. Aunque es algo poco original, esto aplica al lidiar con estudiantes difíciles. Cuando un estudiante manda un mensaje desconsiderado, nunca reacciones de forma similar, a pesar del hecho de que puede incitarte a hacerlo de esa manera. Tienes que respirar profundamente y después escribir una respuesta profesional

- No se trata de ti. Por lo general, los estudiantes que reaccionan a los maestros como adversarios tienen otros problemas escondidos y nosotros los maestros somos, por desgracia, con quienes se desquitan. A decir verdad, los seres humanos tienen a acumular y expresar sentimientos negativos cuando están bajo presión, y los estudiantes pueden dejarse llevar durante los ejercicios de aprendizaje porque se encuentran en uno de los pocos lugares en los que pueden desahogarse sin consecuencias extremas. Como personas, nuestra respuesta natural hacia la crítica es pensar sobre eso de forma literal. Sin embargo, si te permites a ti mismo dar un paso atrás y observar las circunstancias desde un punto de vista más amplio, generalmente verás que los estudiantes difíciles están proyectando sus propios problemas en ti porque eres un objetivo más fácil que la causa principal de su problema

- Apégate a las reglas de tu materia y de tu estilo de enseñanza. Por ejemplo, si en tu clase hay una regla sobre llegar tarde y el estudiante quiere retar su calificación basándose en esto, puedes insistir en que esa es la regla y no es tu culpa. Eso retira el objetivo de ti y hace parecer que tienes menos culpa. Para las reglas de tu enseñanza, haz que el estudiante revise esas reglas. Si le pides a los estudiantes que firmen un documento que muestra que han leído y comprendido las reglas de tu clase, asegúrate de recordarles de ese documento que han firmado cuando te pidan que te desvíes de esas reglas

- Si un estudiante se queja sobre una parte de la materia o sobre una tarea, lidia con eso, pero no seas tan grosero como fue el estudiante

- Sé gentil, pero firme. Sin importar si enseñas en línea, en físico o tienes una metodología mezclada, es importante tener un tono de gentileza y firmeza. Tú estás ahí para educar a los estudiantes; eso implica que no son amigos o compañeros y que tienes el derecho de ser tratado con respeto, así como tú los tratas a ellos. Los estudiantes suelen respetar a los maestros que tienen expectativas claras y que son consistentes al aplicar sus estrategias

Principios

Puede ser difícil lidiar con los estudiantes difíciles; sin embargo, siempre necesitas recordar que eres un maestro y que hay ciertos principios que necesitas seguir. Aquí hay unos cuantos de esos principios:

- Respira profundamente y resiste el impulso de caer en pánico
- Intenta establecer un ritmo positivo y ejemplifica una respuesta apropiada, incluso si tienes que tomarte un par de segundos para recomponerte. Reconoce que necesitas tiempo para pensar, tiempo para reaccionar. Está bien decir "esto me molesta, pero necesito unos momentos para pensarlo"
- Asegúrate de que los estudiantes comprenden que lo que te desagrada es su mala conducta y no ellos mismos
- Nunca recurras a la burla
- Mantente alejado de los encuentros ganar-perder
- Enfatiza el pensamiento crítico y no los castigos
- Exige que los estudiantes se hagan responsables de su conducta
- Intenta mantenerte amable incluso cuando hay mala conducta o berrinches
- Trata a todos los estudiantes con respeto
- Sé un oyente atento. Alienta a los estudiantes a trabajar con sus emociones y preocupaciones, y ayúdales con el procesamiento de sus pensamientos al repetirlos
- Ejemplifica la conducta que esperas de tus estudiantes

Pequeño consejo para dar clases en línea: lidiar con los estudiantes difíciles

. . .

Como maestro en línea deberías familiarizarte con las diferentes formas en las que un estudiante puede ser difícil. Aquí hay unas cuantas técnicas útiles para lidiar con algunas de ellas.

Ausencia de modales básicos

Dependiendo del rango de edad de tus estudiantes, tal vez descubras que unos cuantos estudiantes hablan contigo como si estuvieran mandando un mensaje de texto a un amigo de la secundaria. Tal vez no saludan, no utilizan mayúsculas, acentos o incluso oraciones completas. Este tipo de comunicación abreviada y rápida tiene varias causas. Los estándares de comunicación en su generación pueden tener una influencia, y los estudiantes en línea suelen estar ocupados y distraídos. Además, obviamente, muchos estudiantes no están siendo desconsiderados a propósito. Aun así, aunque no esperas que ellos te hablen como si fuera la realeza, de todas maneras, deberías esperar algunos modales básicos. La comunicación básica es una base sólida para una relación positiva de enseñanza y aprendizaje.

Lo que deberías hacer:

- Sé un ejemplo de buenos modales por correo

electrónico. Los estudiantes suelen seguir tu
ejemplo
- Asegúrate de que tu lenguaje es apropiado para
conversaciones en línea entre maestro y
estudiante
- Utilizar saludos y despedidas semi formales,
puedes comenzar con un "hola" y acabar con
"saludos"

Examinan tu juicio o habilidades

Esta conducta del estudiante debería venir con muchas
advertencias. Es particularmente complicada, ya que los
comentarios que cuestionan tus habilidades profesionales
son provocativos. Existe la tentación de desquitarte con una
rápida respuesta que ponga al estudiante en su lugar. No
obstante, esto es contraproducente. Eso afecta las relaciones
futuras y te hace ver infantil.

Lo que puedes hacer:

- Si el comentario es especialmente grosero,
alejarte de tu computadora o dispositivo.
Relájate y espera a que regrese tu perspectiva.
Una respuesta automática comenzaría una larga

cadena de mensajes provocativos que
terminarían en un callejón sin salida

- Anticipa continuamente que otras personas van a
leer tu respuesta. Tu conducta debe ser ejemplar
- Los comentarios como éstos se establecen en la
ausencia del respeto. Asegúrate de que tu
presentación personal en la introducción exprese
tu experiencia y cualificaciones. Utiliza una
firma de correo electrónico que incluya tu título
y capacidades. Aclara que si sabes lo que estás
haciendo

Piden respuestas inmediatas

Los estudiantes pueden esperar erróneamente que el
maestro en línea siempre esté disponible para darles una
respuesta inmediata y sacar tiempo para enseñarles, sin
importar qué hora sea. De vez en cuando, un estudiante
puede mandar unos cuantos mensajes seguidos, esperando
que le contestes de forma inmediata. Obviamente, el estudiante puede estar en su límite y necesita apoyo adicional.

O, por otra parte, tal vez intenta imponer su privilegio como
cliente en un entorno de aprendizaje corporativo que no se
puede negar. En cualquier caso, esperar una respuesta inmediata es poco realista.

· · ·

Lo que puedes hacer es lo siguiente:

- Aclara los períodos de comunicación. Explica en tu introducción (y, si es necesario, en un mensaje) cuál es tu procedimiento estándar para las respuestas por correo electrónico. Enfatiza que el aprendizaje por internet implica comunicación en ciertos momentos y no son mensajes continuos
- Crea una página de preguntas recurrentes y refiere al estudiante a esa página como paso inicial. Haz que sea un paso informativo para preguntas que se suelen hacer
- Primero lee los mensajes más recientes en tu larga lista de correos electrónicos. La mayoría de las veces, el estudiante ha contestado a sus propias preguntas y no tendrás que lidiar con muchos mensajes, solamente con el último

Esperan un tratamiento especial

Existen muchas justificaciones válidas para que los maestros en línea proporcionen tiempos adicionales por revisen borradores. De todas maneras, existe una gran diferencia entre pedidos razonables y pedidos de un tratamiento especial.

. . .

Lo que puedes hacer es:

- Aclarar tu plan sobre fechas de entrega y aplazamientos en tu sistema de administración de aprendizaje o en tu documento o de introducción. Manda a los estudiantes que están pidiendo más tiempo extra a que lean este documento. Esto traslada el problema de una negación individual a un asunto de reglamento que se aplica en todos los casos
- Señala que la consideración por una sola persona no suele ser aceptable, en particular en los años más avanzados. No es justo darle un tratamiento especial a unos cuantos estudiantes y necesitas mantener un nivel equitativo
- Si accedes a revisar unos borradores, aclara que lo harás cuando tengas tiempo y no dentro del tiempo de la tarea, a menos que vayas a revisar los borradores de todos los demás

Mientras que la variedad de los carácteres de los estudiantes y los problemas que experimentarás en la clase en línea (los tranquilos, los que cuidan a los demás, aquellos que asumen la responsabilidad, los cómicos de la clase y los procrastinadores innovadores) básicamente son los mismos que los que encuentras en las clases físicas, existen algunas partes del entorno de clase en línea que crean oportunidades para que los típicos sospechosos demuestren sus rasgos típicos.

. . .

Aunque uno debe esperar el mejor comportamiento, también es importante darse cuenta del hecho de que incluso un estudiante puede arruinar la experiencia de aprendizaje para toda la clase. Así que es una ventaja de estar atento y trabajar rápidamente para lidiar con cualquier problema que surja en la clase. Aunque necesitas cuidar delicadamente a ese estudiante, también debes considerar tu deber con el resto de los estudiantes.

10

Cómo monitorear los resultados y la retroalimentación para mejorar las clases y los métodos

Revisión y retroalimentación

Después de que los estudiantes hayan presentado sus tareas, puedes revisarlas y calificarlas. Google Classroom le asigna a cada tarea una página diferente que hace más sencilla la evaluación y deja notas o críticas para los estudiantes.

Revisar una tarea individual

Para revisar una tarea, primero deberías revisar la pestaña de Trabajo de clase. Elige la tarea que necesitas revisar y después dale click a "Ver tarea". Esto abrirá la página del trabajo del estudiante para esa tarea. Aquí puedes ver y calificar las entradas de cada estudiante.

· · ·

Evaluar tareas en la página de trabajo de tu estudiante

Un método para revisar las tareas del estudiante es en su página de trabajo. Básicamente, dale click a la calificación cerca del nombre del estudiante que ingresa la evaluación que quieras dar.

Después de que hayas revisado y supervisado las tareas, puedes elegirlas y dar click en "Regresar" para mandarlas de regreso a cada estudiante.

Evaluar tareas con las herramientas de evaluación

Igualmente puede revisar una tarea al utilizar el instrumento de evaluación asignado a cada situación. Para empezar, necesitas darle click a una tarea para abrirla. En el lado derecho de la pantalla, vas a descubrir una sección con el sistema de calificación. En la zona de "Calificación" puedes ingresar la calificación que necesitas entregar. Igualmente puede dejar comentarios para los estudiantes en el área de "Comentarios privados".

Cuando hayas revisado una tarea y estés preparado para devolvérsela al estudiante, puedes dar click en el botón de Devolver.

Revisar las calificaciones de la clase como un todo

Google Classroom te deja mandar las calificaciones de las tareas a Google Sheets (Hojas de cálculo). Esto hace una tabla que muestra las calificaciones de cada tarea por el estudiante, la media de calificación de la tarea y la media general hablando de la evaluación para toda la clase.

Para mandar las evaluaciones de las tareas que has terminado de revisar, tienes que ir a la página de trabajo del estudiante (en la sección de la tarea, en la pestaña de Trabajo de los alumnos, y seleccionas al alumno deseado), darle click al símbolo de configuración (un engrane) en la esquina superior derecha y seleccionar la opción Copiar todas las calificaciones a Hojas de cálculo.

Cuando hayas realizado una de estas tablas, ten en cuenta que no sea actualizar de forma automática. Cada vez que califique es una tarea nueva, necesitas mandar las calificaciones a las Hojas de cálculo una vez más.

En el caso de que estés buscando un registro de calificaciones detallado y adaptable, existen muchas aplicaciones externas que funcionan con Google Classroom.

. . .

Comunicación con padres y estudiantes

Con Google Classroom, puedes encontrar y calificar tareas, así como hablar con los estudiantes por medio de correo electrónico. Los padres y tutores también pueden recibir a resúmenes por correo electrónico para mantenerlos informados sobre las tareas y exámenes actuales y futuros.

Correos electrónicos a los estudiantes

Google Classroom hace que sea muy sencillo mandar mensajes a tus estudiantes, ya sea un mensaje a toda la clase o a un estudiante en particular. Sin importar a quien le tengas que mandar el correo electrónico, primero debes explorar la pestaña de Personas.

Aquí tienes unas cuantas opciones que consideran la variedad de individuos a quienes les puedes mandar mensajes. Vamos a revisar unos cuantos ejemplos de lo que puedes hacer:

- Mandar un correo electrónico a un solo estudiante: encuentra el nombre del estudiante y dale click a las opciones (los tres puntos verticales) y selecciona Enviar un correo a un alumno
- Para mandar un correo a varios estudiantes:

selecciona los nombres de los estudiantes a los que les quieres mandar un correo, luego da click en el botón de Acciones y selecciona Enviar correo electrónico

- Para mandar un correo a toda la clase: da click al recuadro junto al botón de Acciones para seleccionar a todos los estudiantes. Da click en el botón de Acciones y selecciona Enviar correo electrónico

Publicar anuncios

En vez de mandar mensajes, puedes mostrar anuncios en el tablón principal de la clase. Estas son publicaciones que los estudiantes encontrarán en su propio tablón cuando entren a Google Classroom. Pueden ser bastante útiles como actualizaciones, avisos de actividades próximas o cualquier cosa que prefieras compartir con toda la clase. Simplemente tienes que seleccionar el recuadro que dice "Anuncia algo a tu clase".

A partir de aquí puedes ingresar lo que necesitas e incluir archivos o enlaces si lo requieres. Cuando estés listo, puedes darle click al botón de Publicar.

Resumen de las clases para los padres

·   ·   ·

Los padres y los actores de los estudiantes también pueden obtener lineamientos por correo electrónico. Es todo incluye tareas no hechas, las actividades próximas y las tareas actuales. Estos resúmenes se crean en automático y no pueden ser modificados con mensajes individuales o archivos adjuntos.

Los padres pueden decidir si quieren recibir estos mensajes que se mandan diariamente o a la semana. Los resúmenes de clases solamente están disponibles si tus estudiantes utilizan G Suite para las cuentas educativas (en las que la escuela se ha inscrito y paga una cuota). Los supervisores de la escuela también deberían darles acceso a los maestros para lidiar con estos resúmenes por medio de correos electrónicos.

11

Situaciones que pueden surgir

Listo, la cámara está encendida y las clases han comenzado. Pero todos tus esfuerzos y todas tus preparaciones tal vez no sean suficientes para asegurar un proceso de aprendizaje interactivo y libre de distracciones. Varios problemas pueden surgir en los momentos más inesperados y te sentirás frustrado contigo mismo. Hay que admitirlo. Tu pasión o tu motivación comienza a desvanecerse, lo cual puede afectar el progreso de los estudiantes. Aquí hay unos cuantos consejos para manejar las cosas inesperadas.

Situaciones desfavorables que suelen pasar

Problemas con el internet

. . .

Una gran cantidad de estudiantes han cambiado a la educación virtual por la conveniencia, el precio, los maestros bien preparados y el acceso a recursos muy útiles.

Conforme el número de estudiantes virtuales en todo el mundo aumenta, los problemas de conectividad son inevitables. Por supuesto, eso no tiene que interferir con el proceso de aprendizaje general. La mejor solución es darles a los estudiantes la oportunidad de acceder a la información en un momento posterior. Eso significa compartir documentos, enlaces, grabaciones, etc. Incluso hasta después de haber terminado la clase. Para aquellos que tienen contenido que se puede compartir y enlaces seguros, es mejor utilizarlos.

Aprovecha la función de tu plataforma para compartir pantalla y comparte los recursos en la ventana del chat.

Falta de participación

La ausencia es común en las clases físicas. Los maestros virtuales experimentan lo mismo, excepto que suele ser por problemas de internet. La presencia es imprescindible para proporcionar retroalimentación y las faltas pueden ser un dolor de cabeza.

· · ·

Existen varios factores que pueden hacer que los estudiantes no asistan a las clases en línea. La falta de interés en el tema es un problema.

Para hacer que tus estudiantes estén entusiasmados por aprender, diversifica las actividades de acuerdo con la inteligencia, las fortalezas y las debilidades de los estudiantes.

El asistente técnico no está

Dar clases con un asistente hace que tu vida como maestro virtual sea más sencilla. Puedes dar la clase mientras un profesional trabaja en la conexión a internet.

Puedes contestar las preguntas de tus estudiantes mientras un compañero calificado contesta a otras preocupaciones.

Vamos a suponer que tu asistente no está en ese momento.

¿Qué vas a hacer cuando comience la clase unos minutos después? ¿Vas a retrasar la clase? Es un gran error cancelar todo.

Para evitar tales problemas, siempre debes estar preparado para el peor escenario y planear soluciones. Si el asistente técnico no aparece, sabrás cómo manejar la situación.

.   .   .

El maestro no aparece

¿Quién va a sustituir al maestro si éste se enferma? El asistente puede suplirlo. Como maestro virtual, no debes olvidar preparar a los asistentes técnicos y maestros asistentes de forma apropiada. ¿Los estudiantes tienen un examen? ¿Acaso tienen que entregar una tarea? ¿Van a realizar alguna actividad específica? Si la respuesta es sí, debes informar a tus asistentes lo más pronto posible. Sé profesional e involucrarte en estos asuntos.

Relevancia del contenido

Los estudiantes participan en la clase cuando el tema es relevante. No obstante, un tema que es irrelevante puede afectar la participación de los estudiantes. No te sientas decepcionado. Intenta cambiar la manera en la que proporcionas la información. Luego busca otro contenido para complementar el material mientras enfatizar el tema principal.

Material perdido

¿Tu presentación de Power Point está dañada? ¿No puedes abrir el archivo mientras la clase sigue avanzando? Respira profundamente y recurre a la espontaneidad. Primero consulta la guía de clase. Encuentra algo de material de lectura relevante para el tema. Luego, haz que la clase lea y comparta sus opiniones.

Algunas veces, una discusión improvisada es una manera excelente de compensar por la falta de material. También puedes preparar tarjetas de apoyo, herramientas para dibujar, juegos y otros accesorios.

Problemas técnicos

El video y el audio pueden retrasarse durante la clase. Por eso es buena idea tener un video o un enlace adicional a la mano. Dale los recursos a tu asistente. Los estudiantes pueden trabajar en una actividad mientras resuelves el problema. Vuelve al tema una vez que todo haya sido arreglado.

Mala conducta durante la clase

Existen diferentes tipos de estudiantes en un entorno de clase física o virtual. Esto incluye al molestón y al que busca atención, al que está distraído, al que no viene preparado y a los estudiantes irrespetuosos. Cuando un estudiante no se comporta como debe, interrumpe el proceso de aprendizaje. Como maestro virtual tienes que lidiar con la disciplina de acuerdo con las políticas de la escuela. Una aclaración importante es reconocer si tu audiencia estudiantil son niños, adolescentes o adultos. Es importante comprender cómo y cuándo aplicar las siguientes estrategias dependiendo del rango de edad de tu audiencia.

Cómo controlar la mala conducta:

- Educación estricta: los estudiantes buscan atención cuando los maestros no son claros con las reglas. Recuérdales mantener una conducta aceptable para evitar el caos. Repite las reglas de vez en cuando
- Advertencia: ten cuidado cuando des una advertencia general a tu audiencia. Menciona al individuo, pero no digas groserías. Después de clases, habla con el padre y el estudiante
- En la mira: inmediatamente tienes que advertir al estudiante malo. Es mejor mandarle un mensaje a la persona a través de la plataforma del chat. Luego involucra al estudiante sin distraer a la clase. Modifica las actividades de acuerdo con las necesidades del participante
- Remover: para mantener la integridad del entorno de la clase, a veces se recomienda remover al estudiante. ¿Qué tan malo es esto? Eso depende completamente de la escuela y de las reglas de la clase; sin embargo, las reglas deben estar establecidas y todos los participantes deben haber estado de acuerdo con ellas

Cuando los padres hacen trampa

. . .

Debes tener cuidado con los padres. A veces les gusta ayudar un poco a los pequeños a contestar preguntas, lo cual afecta el progreso del estudiante.

En el caso de la interferencia de los padres, es mejor pedirles a los estudiantes que expliquen la respuesta. ¿Cómo llegaron a esa respuesta? Los estudiantes deberían ser aquellos que realicen las actividades para asegurar el aprendizaje o retención a largo plazo.

Comentarios finales

Prepárate antes de que comience la educación en línea. Desde los problemas técnicos hasta los estudiantes problemáticos, puedes manejar cualquier circunstancia de forma efectiva. Sé espontáneo y determinado con tus reglas.

12

Varios temas y viajes virtuales

CIENCIAS

Esta actividad es para que los estudiantes acomoden los pasos para hacer pan. Es una forma divertida en la que los estudiantes involucran de forma creativa su experiencia y conocimientos para hacer una receta paso a paso para hacer pan. Entre los pasos que deben acomodar están: comer el pan, moler el trigo, plantar las semillas de trigo, hornear el pan, cortar el trigo, llevar el trigo al molino, hacer la masa, cuidar el trigo.

Historia

Puedes realizar una plantilla para que los estudiantes muestren su conocimiento de forma divertida respecto o a un tema histórico.

De esta manera, los conceptos de los temas muy amplios pueden ser resumidos de una manera precisa y subjetiva. En la plantilla puedes poner hasta arriba el tema y luego hacer unos cuadros en los que tienen que en responder a las preguntas qué, quiénes, dónde, las causas, los efectos y los obstáculos.

Español

Los estudiantes pueden hacer tareas interactivas y creativas en las que se les pida exponer su vocabulario. Este será un ejercicio para ayudar a memorizar y también para ayudar a recordar debido a las pistas visuales que tienen que añadir para crear un trabajo interesante. Por ejemplo, puedes hacer un ejercicio de sinónimos y antónimos con ejemplos o dibujos.

Matemáticas

Hacer una hoja de cálculo interactiva y creativa en las aplicaciones de Google mantiene a los niños involucrados en el aprendizaje y mientras se divierten haciéndolo. Por ejemplo, les puedes pedir que hagan una presentación en la que muestren todas las maneras que se les ocurren para sumar 14.

. . .

Recursos e ideas para viajes virtuales

Si quieres añadir viajes escolares o expediciones virtuales, también se puede realizar. Se puede viajar de forma sencilla y segura a casi todos los lugares del mundo, también, gracias a los avances y nuevas aplicaciones, ahora también se pueden visitar museos y galerías de forma virtual. Existen unas cuantas ideas para hacer viajes virtuales a tus lugares favoritos. Los estudiantes de geografía también pueden realizar sus tareas de formas innovativas con estas sugerencias.

Skype en la clase

Las opciones de Microsoft te ofrecen una gran cantidad de métodos para incorporar a las clases. De esta manera la clase puede explorar el mundo a través de viajes virtuales. Revisa las aplicaciones de Skype collaboration, Skype lessons, Mystery Skypes y Guest Speakers.

Google Expeditions

La aplicación de Google Expeditions está disponible para iOS y Android. Los usuarios ahora pueden hacer viajes virtuales con realidad aumentada y realidad virtual.

· · ·

Esto no sólo ayuda a que el estudiante aprenda cosas nuevas, sino que también facilita la retención de la información al incluir un elemento visual.

360° Cities

Esta plataforma proporciona imágenes panorámicas de alta calidad de lugares en todo el mundo. Las imágenes se pueden ver en cualquier dispositivo de forma normal o como realidad virtual. Ofrece la oportunidad de realmente sentirse inmerso en la belleza del mundo, aunque sólo sea por medios virtuales.

Nearpod

Te lleva a ti y a tu clase en un viaje virtual alrededor del mundo en cualquier dispositivo. Esta aplicación se puede utilizar en el dispositivo de realidad virtual; sin embargo, también puedes experimentar un viaje virtual sin ese dispositivo especial.

Google Street View

Este es un gran avance en la tecnología. Google Street View te da la sensación de realmente entrar a una galería de arte o a un museo desde la comodidad de tu dispositivo electrónico. Existen varias maneras de explorar por medio de este programa.

Viaje escolar con Zoom

Existe un programa llamado Field Trip Zoom. Tiene un calendario bastante comprensivo de eventos interactivos que pueden ser publicados en vivo en tu Google Classroom.

Aunque este programa no es gratuito, existe la versión gratuita por un mes para las nuevas escuelas que se inscriben.

Creador de tours con Google

El programa Google Tour Builder es una manera única e interesante de crear tu propio viaje y hacer énfasis en lugares importantes utilizando Google Earth. Los estudiantes pueden utilizar los tours ya creados o incluso crear uno propio. A

Por ejemplo, como parte de una tarea de historia, los alumnos pueden crear un tour basándose en un tema al mostrar el camino que tomaron los personajes históricos y mencionar los sucesos que ocurrieron en cada lugar.

Empatico.org

Esta es una plataforma gratuita que enlaza a los estudiantes por medio de videos. Está orientada a estudiantes de secundaria y preparatoria y les permite conectar con los demás y con otras clases para crear curiosidad, amabilidad y un aprendizaje saludable.

YouTube 360°

Por este medio, puedes ver varios vídeos de 360° en YouTube. Millones de videos en 360° están disponibles sobre casi cualquier tema. Explora los diferentes videos de Discovery Channel, de Science Channel, etc. y luego puedes compartirlos con la clase.

Crear presentaciones

Puedes utilizar distintos recursos en línea para crear y ver presentaciones de forma creativa.

. . .

Dependiendo de la plataforma, se puede realizar las presentaciones hechas por otras personas. Revisar los sitios en internet de Prezi, Slidesgo y Canva.

Revisar un viaje escolar con un juego

Hacer que un concepto se vuelva un juego para un aprendizaje divertido se ha utilizado de forma extensiva últimamente. Puedes utilizar juegos estilo Maratón, Adivina quién, rompecabezas y muchos más. Todas éstas pueden mejorar la experiencia de aprendizaje de tus alumnos.

Viajar a un lugar más de una vez

Puede ser realizar viajes virtuales en cualquier momento que quieras. Puede ser algo útil para cuando los estudiantes tengan que entregar ensayos informativos o de reflexión respecto a sus visitas o viajes virtuales.

El reto de relacionarlo con el diseño de objetos

Los estudiantes pueden realizar artefactos en MakerSpace o crear un objeto tridimensional en Tinkercard.

. . .

Esto no solamente hace que el concepto de realidad virtual se vuelva una posibilidad, sino que también le da el sentido del diseño y la ingeniería a los estudiantes.

Llevar a otras personas a tu destino

Los estudiantes pueden hacer sus propios noticieros. La aplicación DoInk, por ejemplo, te permite hacer que otras personas visiten los destinos que elijas utilizando una pantalla verde.

Actividades de reflexión para los estudiantes

Los estudiantes pueden escribir postales, crear dibujos o notas, álbumes de recuerdos o escribir cosas creativas después de haber tenido una experiencia de viaje virtual.

Concentrarse por medio de los objetivos de aprendizaje

Mantener tus objetivos de aprendizaje y la curiosidad en línea con las observaciones puede ayudarte mucho en tu viaje de aprendizaje y enseñanza.

Conclusión

El aprendizaje es un proceso que dura toda la vida. Nada es más apropiado que el dicho que menciona que hay maestros y educadores en todo el mundo. Existen muchos cursos para maestros en todo el mundo. El objetivo es asegurarse de que la información no sea obsoleta y que sea útil e interesante para los estudiantes. Además, los cursos educativos para maestros y proporcionar metodologías que ayudan a los estudiantes con formas diferentes y creativas de aprendizaje.

El beneficio para los maestros es compartir las mejores prácticas, y aprender mejores métodos para controlar al estudiante y las conductas en la clase.

Cuando el maestro continúa aprendiendo y educándose, logra mantenerse en la cima de las modas educativas y estar informado de los nuevos métodos de enseñanza, así como las tecnologías y las posibilidades que ofrecen.

La intención es mantener al maestro actualizado para aprovechar todos los recursos y procesos educativos y obtener resultados positivos con sus estudiantes.

Antes se pasaba por alto la educación del maestro. Solía consistir en presentaciones y discursos interminables en los que sólo el maestro tenía que hablar y el estudiante no podía aprender nada, ya que no se realizaban seguimientos, charlas, preguntas o cualquier interacción que fomentará actividades de aprendizaje y la relación entre alumno y maestro.

En años más recientes, todo esto ha cambiado. Los recursos se vuelven más comprensibles y variados para todos los maestros. Los recursos actuales incluyen el aprendizaje individual y también examinar y calcular la efectividad por medio de varios materiales complementarios, colaborar con expertos y compañeros, realizar tareas e involucrarse en discusiones sobre temas relevantes. Todo esto se puede observar y aprovechar en las clases en línea.

El énfasis no se encuentra solamente en el aprendizaje virtual, sino que también hay una relación activa con distintas comunidades por medio de los foros en línea utilizando las nuevas tecnologías del internet. Existen muchos recursos en la actualidad que se pueden utilizar para dar clase, algunos de los cuales mencionamos en este libro, pero existen muchos más que puedes explorar por ti mismo. Las redes sociales también pueden ser útiles para los maestros como medios de comunicación con sus alumnos.

Todas estas cosas ayudan a eliminar barreras entre los maestros y estudiantes de todo el mundo para seguir aprendiendo de formas cada vez más innovadoras.

La educación se suele confundir con el entorno escolar presencial y comprender lo que es ser un estudiante independiente. No obstante, existen formas de educación diferentes que pueden mejorar el aprendizaje del estudiante e incluso mejorar sus condiciones de aprendizaje. Todo esto puede servir como un nuevo esquema de enseñanza y aprendizaje para las escuelas y universidades de todo el mundo. Los maestros pueden dar clases de forma exitosa y estar equipados para hacerlo.

CPSIA information can be obtained
at www.ICGtesting.com
Printed in the USA
BVHW041016150321
602551BV00006B/565